“十四五”职业教育国家规划教材

创新创业教育

（第三版）

主　编　李家华

副主编　严光玉　张春青　朱　钦　郭　明

CHUANGXIN CHUANGYE JIAOYU

中国教育出版传媒集团

高等教育出版社·北京

内容提要

本教材是“十四五”职业教育国家规划教材，是在第二版的基础上修订而成的。

本教材旨在培养学生的创新创业精神，提升学生的创新创业能力，为其成功创业铺就道路，具有以创业过程为主线、以实训任务为驱动、以学生学习为中心三大特色。在内容架构上，本教材从认知创新创业、训练创新思维、提升创业素养、开展创业实践四个方面展开，共包括15个任务，其内容涵盖创新创业的全过程。在栏目设置上，本教材设计了引导语、学习目标、案例、创新箴言、拓展链接、课后实践活动等，丰富多样，具有很强的操作性。本教材是新形态教材，以二维码的形式链接了拓展资源，利教便学。

本教材适合用作高等职业院校公共基础课教材。

图书在版编目（CIP）数据

创新创业教育 / 李家华主编. —3版. —北京：高等教育出版社，2024.8

ISBN 978-7-04-062279-9

Ⅰ. ①创… Ⅱ. ①李… Ⅲ. ①大学生－创业－高等职业教育－教材 Ⅳ. ①G717.38

中国国家版本馆CIP数据核字（2024）第107881号

策划编辑 周静研 **责任编辑** 周静研 **封面设计** 张文豪 **责任印制** 高忠富

出版发行	高等教育出版社	**网　　址**	http: // www. hep. edu. cn
社　　址	北京市西城区德外大街4号		http: // www. hep. com. cn
邮政编码	100120	**网上订购**	http: // www. hepmall. com. cn
印　　刷	上海盛通时代印刷有限公司		http: // www. hepmall. com
开　　本	787 mm × 1092 mm　1/16		http: // www. hepmall. cn
印　　张	12.25	**版　　次**	2024年8月第3版
字　　数	273千字		2019年1月第1版
购书热线	010－58581118	**印　　次**	2024年8月第1次印刷
咨询电话	400－810－0598	**定　　价**	36.00元

物 料 号　62279－00

前言

党的二十大报告指出，必须坚持科技是第一生产力、人才是第一资源、创新是第一动力，深入实施科教兴国战略、人才强国战略、创新驱动发展战略，开辟发展新领域新赛道，不断塑造发展新动能新优势。随着第四次工业革命的到来，国家之间综合实力的竞争越来越体现为科学技术和创新型人才的竞争。青年学生是最具创新创业潜力的群体，是社会主义建设者和接班人。青年学生只有具备一定的创新思维和创业者素质，才能更好地适应未来的工作环境，应对未来市场竞争中的各种挑战。

如今，进一步激发青年学生的创新思维与创业精神，对推动科技创新和新质生产力的发展具有关键作用。第一，新质生产力的发展要求青年学生思考如何运用创新技术、创新方法解决实际问题，努力追求创新，为国家和社会的发展贡献自己的力量。第二，新质生产力的发展要求青年学生更新观念，更加注重科技理念、创新理念、合作理念等的养成。通过养成和践行这些理念，青年学生可以打破传统思维模式的束缚，形成更加开放、创新的思维模式。第三，新质生产力的发展让更多的青年学生有机会深入了解新技术、新领域的前沿发展，通过实践性学习培养对市场的敏感性和商业运作能力，学会如何将创意转化为实际的产品和商业机会，提升跨学科思维能力和解决综合性问题的能力。

近年来，我国的创新创业环境和政策不断优化，高校的创新创业教育不断加强。在新时代，高校要系统深化人才培养供给侧改革，全面提高人才自主培养质量，提升学生的创新创业能力。这不仅包括对学科专业体系的优化，而且包括对创新创业教育的改革，力争搭建创新孵化的实践平台，改革人才的评价模式。

我们发现，部分人对创新创业教育的认识还存在误区，认为创新创业教育只是教人创业的教育。但实际上，创新创业教育不仅与商业模式和个人财富创造有关，也不仅是面向商科学生的，而是面向每个人的。无论是创业还是就业，创新思维和创业者素质对学生而言都是非常重要的，可以极大地提升学生的个人综合竞争力。未来，内容更广泛的创新创业教育将侧重于创新思维、设计思维的培养和社会问题、环境问题的解决，呈现出跨学科的综合性，以支撑学生社会能力的发展，促进学生就业能力的提升，为学生提供终身学习的策略。因此，全面提升学生的创新思维、创业者素质、创新创业综合能力才是创新创业教育的基础和根本。目前，市面上仍然缺少适合高职院校学生使用的创新创业实用型教材。为此，在吸取前期研究成果的基础上，我们结合高职院校的教学实际情况，编写了《创新创业教育》《创新创业教育实践》两本教材。

上述两本教材根据《国务院办公厅关于深化高等学校创新创业教育改革的实施意见》（国办发〔2015〕36号）、《国务院关于推动创新创业高质量发展打造“双创”升级版的意见》（国发〔2018〕32号）、《国务院办公厅关于进一步支持大学生创新创业的指导意见》（国办发〔2021〕35号）等文件精神编写，贯彻落实了《教育部关于职业院校专业人才培养方案制订与实施工作的指导意见》（教职成〔2019〕13号）的具体要求。教材的开发目标是培养具有创新创业意识和能力的高素质技术技能人才，使其树立创业意识、掌握创业知识、发展创业能力、培养创业心理品质、提高核心能力和核心素养，成为具有开创性的个人。在具体培养要求上，教材旨在使学生具备创新意识、创新思维，养成创新人格，锻炼创新能力；使学生具备必要的创业知识和技能，通过训练其市场开发和经营能力，锻炼其创业心智，使其具备企业家的综合素质，实现自主创业或岗位创业。两本教材既可分别单独使用，又可配套使用。

研究表明，创新创业教育应该尽早开始，并且永不停止。随着终身学习理念的深入人心，我们需要加强所有年龄段的个人在工作岗位上实现创业的能力。这就是为什么我们呼吁更多地关注为企业员工提供接受创新创业方面的继续教育机会，这一教育有助于他们实现岗位创业。同时，创新创业教育应该具有多样性。一是应以各种方式满足不同利益相关者群体的需求，例如满足女性群体的需求。二是应提供不同目标群体需要的不同的创新创业能力的组合。这些不同的组合可以构成创新创业活动的基石，而将创业能力和可持续发展能力结合起来将是未来社会的发展趋势。

我们希望通过本教材的修订为创新创业教育的发展做出贡献，使学生能够主动应对各种挑战，无论他们是作为企业家、岗位创业者还是具有创业思维的公民。

由于编者水平所限，教材中难免存在不足之处，请广大读者批评指正。

编　者

目 录

001 项目一 认知创新创业

049 项目二

训练创新思维

项目一

认知创新创业

任务一 了解创新与创新能力

任务二 了解创业

任务三 分析创业案例

引导语

党的二十大报告强调，必须坚持科技是第一生产力、人才是第一资源、创新是第一动力，深入实施科教兴国战略、人才强国战略、创新驱动发展战略，开辟发展新领域新赛道，不断塑造发展新动能新优势。习近平总书记也勉励大学生们扎根中国大地了解国情民情，在创新创业中增长智慧才干，在艰苦奋斗中锤炼意志品质，在亿万人民为实现中国梦而进行的伟大奋斗中实现人生价值，用青春书写无愧于时代、无愧于历史的华彩篇章。

近年来，各地、各高校积极开展教学改革探索，把创新创业教育融入人才培养计划，切实增强大学生的创业意识、创新精神和创造能力，厚植“大众创业、万众创新”的土壤，为建设创新型国家提供源源不断的人才、智力支撑。在这样的时代背景下，我们只有真正树立创新创业精神、增强创新创业素养，才能成长为时代需要、国家需要的社会主义建设者和接班人。

本项目旨在帮助同学们厘清创新与创业的丰富内涵，帮助同学们成长为具有创新精神和创业综合能力的高素质人才，把握好时代脉搏，努力将个人的小我融入祖国的大我，把梦想变成现实。

任务一

了解创新与创新能力

学习目标

1. 掌握创新的概念和基本内涵，理解创新的特征。
2. 学会评估创新能力，能运用创新能力评估手段进行自我评估。
3. 涵养创新精神和社会责任感，培养主动创新、乐于创新的意识。

导入案例

探索酒糟二次利用的新方向

白酒酒糟是高粱、大米、小麦等多种谷物酿酒后的混合产物，其残余营养成分仍然丰富，有较高的二次利用价值。但酒糟混合物含有乙醇、杂醇、醛类化合物等物质，直接填埋和焚烧会间接污染空气和土壤，被列为一类固废或二类固废。近年来，国家着力推进酒糟无害化处理，普遍做法为先无害化处理，再焚烧、填埋，虽然保护了环境，但也造成了酒糟资源的浪费。

崔天昊来自中国酒乡宿迁双沟，其父母经营的广盛坊酒业是双沟酿酒厂的发起单位之一。他家酒厂每年产生的酒糟多达数万吨，处理酒糟需要额外花费人力、物力。于是，在高考后，他选择报考扬州工业职业技术学院化工专业，在学院的纳米材料工程中心埋头做实验，潜心研究酒糟高价值利用的新方向。经过三年的研究，他发现白酒酒糟营养成分丰富，价值较高，除粗纤维超标外，其他成分均符合家禽饲料行业标准。在学院老师的指导下，崔天昊带领团队成员完成了上万条实验数据的整理与分析，研发出了酒糟纤维水解的新技术，改良了真空冻干技术和纳米球磨技术，最终将白酒酒糟成功制备成饲料原料，填补了我国酒糟家禽饲料原料化领域的空白。

家禽饲料的主要原料是玉米和大豆（豆粕），主要依赖进口。2019年以来，玉米和大豆价格持续上涨，年均涨幅超过15%，给饲料加工和家禽养殖两大行业带来了巨大的压力。当前，全球粮食产业供应链不确定性风险增加，国内重要农产品的有效供给面临严峻形势。我国是酿酒大国，年产白酒酒糟1.1亿吨。如果能够将白酒酒糟充分利用，可以在很大程度上缓解我国家禽饲料原料的进口压力，对保障国家粮食安全具有重要意义。

启示：

人人都可以成为创新者，保持好奇心并乐于思考就会有所收获。世界上所有的事物都有可能成为人们创新的对象。因此，每时每刻，我们都面对着无穷无尽的创新对象。换句话说，创新的素材遍地都是，创新的机会无穷无尽。我们只要仔细观察，开动脑筋思考，对任何一个对象都能进行创新。

一、创新的概念和特征

（一）创新的概念

一般来说，创新是指利用现有的知识和物质，在特定的环境中，为满足理想化需要或社会需求，提出有别于常规思路的见解，改进原有的或创造新的事物、方法、元素、路径、环境，并能产生一定有益效果的行为。

创新一般有三层含义：一是更新已有的东西；二是创造新的东西；三是改变现状（图1-1）。

图1-1 创新的含义

美国经济学家约瑟夫·熊彼特首次在经济领域提出了创新理论。他认为创新包括以下五种类型：① 创造一种新的产品；② 采用一种新的生产方法；③ 开辟一个新的市场；④ 找到一种新的资源供给来源；⑤ 形成一种新的产业组织方式。

创新可以在三个层面上开展，即个人层面、企业层面和社会层面。

个人层面的创新需要整个社会的支持，包括营造创新的环境、提供创新的机会，使个人有机会在这个环境中进行创新。

企业层面的创新威力巨大，但企业需要创造创新的条件或环境来实现创新价值的最大化。首先，企业要形成一种创新文化；其次，要让创新面向客户的需求；再次，企业要建立创新通道，提供创新的各种资源，建立创新的奖励机制；最后，企业要保护创新成果，可以通过申请知识产权的方式实现。

企业层面的创新一般会经历以下几个阶段。

（1）创新思想萌芽。

（2）验证创新思想。

（3）对通过验证的创新思想进行可行性研究。在本阶段，创新者要思考在实施创新的过程中需要解决哪些问题、会冒哪些风险、如何排除这些风险等问题。

（4）产品开发。根据客户需求，产品开发人员与客户共同研究客户需要什么样的产品。

（5）将产品引入市场。

（6）正式投产。

（7）对创新活动进行评估。要对创新经验进行总结，找出优点与不足之处，并对不足之处加以改进，使创新过程实现循环。

总之，创新就是利用你的思想来改变这个世界，让新的思想在这个世界扎根。创新包含着创造，但创造不见得是创新。创新强调实用性，最终目的是为人类的生产、生活服务，造福人类。

（二）中国传统文化中的创新

在我国历史悠久的传统文化中，创新文化、创新思维无处不在。老子在《道德经》中写道："天下皆知美之为美，斯恶已；皆知善之为善，斯不善已。故有无相生，难易相成，长短相形，高下相倾，音声相和，前后相随。"这就是一种创新思维。其实，早在商朝，就已经有了关于创新的记载。

1. "苟日新，日日新，又日新"

《礼记·大学》记载，汤之盘铭曰："苟日新，日日新，又日新。"这是商朝的开国君主成汤刻在澡盆上的警词，旨在激励自己自强不息、创新不已。这里有三个"新"字，字面上解释为通过洗澡除去身体上的污垢，使身体焕然一新，可以引申为要持之以恒，做到弃旧图新。由此可见，中国传统文化是很强调创新的，要求人们以革新的姿态推动社会发展，而不能因循守旧，阻挡历史前进的步伐。

创新箴言

必须坚持科技是第一生产力、人才是第一资源、创新是第一动力，深入实施科教兴国战略、人才强国战略、创新驱动发展战略，开辟发展新领域新赛道，不断塑造发展新动能新优势。

——党的二十大报告

2. "不日新者必日退"

"不日新者必日退"出自北宋程颢、程颐的《二程集》。程颐说："君子之学必日新，日新者，日进也。不日新者必日退，未有不进而不退者。"他认为，君子一定要做到"日新"，"日新"就是每一天都要有进步。

进入信息时代，我们面临着多变的技术、多样的利益、多元的观念，社会环境不断变化。过去有效的，现在未必有效；过去不合时宜的，现在可能大受欢迎；过去不可逾越的，现在则有可能发展到了新的阶段。因此，只有每天都有新的发现、新的收获，才能不断进步。

拓展链接 1-1　积雪覆冰难清除？创新成果来帮忙

2023年冬季，全国多地出现强雨雪天气，各地、各部门采取多种措施，全力保障人民群众安全过冬。相比此前主要依靠人力应对，近年来，越来越多的科技成果被广泛应用于冬季灾害的应对处置中，不仅节省了人力、物力，而且大大提升了处置效率。

无须手持扫帚或驾驶除雪车进行道路除雪，只需在办公室里轻点鼠标，就可"一键除雪"。率先在浙江省东阳市218省道部分路段试验应用的公路动态感知及融雪化冰系统能够通过专业设备监测天气状况。当预测路面将达到结冰条件时，这套系统会提前在道路上喷淋化学冰点抑制剂，防止路面结冰。

该地区省道的昼夜车流量在3万至7万辆之间，且弯多坡陡。每年冬、春季受雨雪冰冻天气影响，堵车现象时有发生，使用推雪车、除雪车等工具，也不能从根本上解决问题。为了解决这一难题，东阳市公路部门引入了"山区公路动态感知及融雪化冰关键技术研究"项目。路面传感器、天气传感器等采集到的数据通过通信端口被传输回来，工作人员根据分析结果，可提前对恶劣天气下的公路路面情况进行预测，以确保在雨雪冰冻条件下道路交通畅通无阻。

在吉林省长春市，下过雪后，同一条道路的两条车道呈现出截然不同的景象：一条白雪覆盖，另一条则干净整洁。让雪瞬间"消失"的是路面自融雪技术。在不影响沥青性能指标及路面使用性能的前提下，该技术能够通过在沥青材料中添加自融冰雪添加剂，使路面积雪自动消融并抑制路面结冰。自融冰雪添加剂是直接被添加到沥青材料中的绿色环保添加剂，不会对道路周边的植被、土壤、水源造成影响。当出现中小雪天气时，应用该技术的道路基本可以实现路面主动融雪；当出现大雪、暴雪天气时，应用该技术的路面上的积雪易于清除。

受寒潮低温天气影响，山区输电线路极易发生覆冰现象。为了破解地线融冰难题，相关企业陆续研发出了激光大炮、喷火无人机等新型除冰方式。激光大炮又名激光清障仪，其原理是将特定功率和波段的激光射向冰雪等非金属材质的异物，除冰效果显著。当出现线路覆冰时，无人机挂载喷火装置升空，瞄准覆冰位置喷出火焰，大大加快了地线重冰区冰层融化速度。

（资料来源：都芃，积雪覆冰难清除 创新成果来帮忙，新华网）

（三）创新的特征

美国创新研究专家詹姆斯·奎因等人总结出了创新的八大特征。

（1）概率性。创新具有随机的偶然性。

（2）复杂性。创新具有不确定性与风险。创新活动需要个人、团队、组织之间的智力协同，内外环境之间的相互作用。创新的过程是一个复杂的系统过程，只有运用系统方法才能提高创新能力。

（3）耗时性。创新具有不可预见性，没有预定的时间表。

（4）非线性。创新过程极少是线性的。创新过程中会出现急进、倒退和不可预见的延迟等现象，并夹杂着随机相互作用，从而导致创新发展的不平衡。对创新抱有敌意和反对态度的声浪时有出现，有时还会非常大。所以，创新过程中常有急进、倒退和不可预见的延迟现象，这也表明创新具有反复性。

（5）需求导向性。相关研究表明，大约70%的重大创新是由已被认识到的市场需求驱动的，而不是新的概念或技术出现以后再反过来寻找需求。

（6）风险性。创新者要准备应对失败。创新者会遇到多方面的阻力，因为任何重要创新都将对现有的权力结构产生冲击，容易遭到内外部的反对。

（7）直觉与意会知识性。创新思想的出现往往令人意想不到，需要善用直觉乃至非理性思维。

（8）执着性。创新需要人们孜孜不倦地努力。

二　创新的类型和基本原则

而今我们所处的世界充满了触手可及的、全球性的知识、经验、劳动力和资本，技术在迅速地更新。企业的竞争优势很难依靠贸易保护、货币限制等来长期维持，维持优势的唯一方法是不断地创新。创新不仅体现在产品上，而且体现在商业活动的方方面面。如今，创新已是时代的必需品。

创新箴言

世间一切美好的事物无一不是创新的结果。

——穆勒

（一）创新的类型

德布林咨询公司在研究了近2 000个创新案例后发现，历史上所有伟大的创新都是十种基本创新类型的组合，并由此开发出“创新的十种类型”框架，引领企业向更有序、更可靠的创新迈进了一大步。创新的十种类型如下。

1. 盈利模式创新

盈利模式创新指的是寻找全新的方式将产品和其他有价值的资源转变为现金的活动。这种创新常常会挑战一个行业生产什么产品、如何确定价格、如何实现收入等方面的传统观念。溢价和竞拍是盈利模式创新的典型例子。

2. 网络创新

在当今高度互联的世界，没有哪家企业能够独自完成所有事情。网络创新让企业可以充分利用其他企业的流程、技术、产品、渠道和品牌。悬赏创新和众包创新等开放式创新是网络创新的典型例子。

3. 结构创新

结构创新是指通过采用独特的方式组织企业的资产(包括有形资产和无形资产)来创造价值的活动。它可能涉及从人才管理系统到固定设备配置等方面。结构创新的例子包括建立激励机制，鼓励员工朝某个特定目标努力；实现资产标准化，从而降低企业的运营成本；甚至创建企业大学以提供持续性的高端培训。

4. 流程创新

流程创新涉及企业主要产品或服务相关的各项生产活动和运营。这类创新需要彻底改变以往的业务经营方式，使得企业具备独特的能力，高效运转，迅速适应新环境，并获得领先市场的利润率。流程创新常常会形成一个企业的核心竞争力。

5. 产品性能创新

产品性能创新指的是在产品的价值、特性和质量方面进行的创新。这类创新包括创造全新的产品，也包括能带来巨大增值的产品升级和产品线延伸。产品性能创新是竞争者最容易效仿的一类创新。

6. 产品系统创新

产品系统创新是指将多个产品联系或捆绑起来，创造出一个可扩展的强大系统的活动。产品系统创新可以帮助企业建立一个能够吸引并取悦顾客的生态环境，并且抵御竞争者的侵袭。

7. 服务创新

服务创新保证并提高了产品的功用、性能和价值。它能使一个产品更容易被试用和使用；它为顾客展现了他们可能会忽视的产品特性和功用；它能够解决顾客遇到的问题，并消除产品体验中的不愉快体验。

8. 渠道创新

渠道创新包含关于将产品与顾客联系在一起的所有手段的创新。虽然电子商务近年来成了主导力量，但是实体店等传统渠道还是很重要，特别是在创造身临其境的体验方面。这方面的创新老手常常能发掘出多种方式将他们的产品呈现给顾客。

9. 品牌创新

品牌创新有助于保证顾客能够识别、记住你的产品，并在面对竞争者的产品或替代品时选择你的产品。好的品牌创新能够形成一种承诺，吸引顾客并传递一种与众不同的身份感。

10. 顾客契合创新

顾客契合创新是指理解顾客的深层愿望，并利用这些愿望来发展顾客与企业之间富有意义的联系。顾客契合创新开辟了广阔的探索空间，帮助人们找到合适的方式把自己生活的一部分变得更加难忘、富有成效并充满喜悦。

简单创新不足以获得持久的成功，尤其是单纯的产品性能创新，很容易被模仿、超越。企业只有综合开展上述多种创新，才能打造可持续的竞争优势。

（二）创新的基本原则

遵循创新原则是提升创新能力的基本前提，是攀登创新云梯的基础。有了这个基础，就掌握了开启创新大门的“金钥匙”。创新原则就是创新活动所依据的法则或标准，是我们在创新过程中需要遵循的原则。

1. 科学原理原则

创新必须遵循科学原理，不得违背科学发展规律。

2. 市场评价原则

要想创新成果成功经受住市场考验，实现商品化和市场化，就要按市场评价的原则来分析它，就要考查创新成果的商品化和市场化的发展前景，看它性能是否优良、价格是否优惠。

3. 相对较优原则

创新不盲目追求最优、最佳、最美、最先进。在创新过程中，利用创造原理和方法，可以获得许多各有千秋的创新构思，这时就需要根据相对较优原则，对构思进行判断、选择。

4. 机理简单原则

在创新的过程中应始终贯彻机理简单原则。可进行如下检查：① 新事物所依据的原理是否重叠、超出应有范围；② 新事物的结构是否复杂、超出应有程度；③ 新事物所具备的功能是否冗余、超出应有数量。

5. 构思独特原则

所谓“构思独特”，可从以下几个方面来考查：① 创新构思的新颖性；② 创新构思的开创性；③ 创新构思的独特性。

6. 不轻易否定原则

不轻易否定原则是指在分析、评判各种创新构思时应注意避免轻易否定。在飞机发明之前，科学界人士曾从理论上对飞机进行了否定的论证；也曾有权威人士断言，无线电波不可能沿着地球曲面传播，无法成为通信手段。以上事例告诉我们，不要随意在两个事物之间进行简单比较，我们应在尽量避免盲目地、过高地估计自己的构思的同时，珍惜别人的构思。

以上是在创新活动中要切实遵循的创新原则，是根据千百年来人类创新活动成功的经验和失败的教训提炼出来的，是创新智慧和方法的结晶，体现了创新的规律和性质。按创新原则去创新并非束缚思维，而是要把创新活动引到安全可靠、能快速通行的大道上来。

三、创新精神的内涵

案例 1-1

马玉山：在控制阀领域打响“中国智造”

走进位于宁夏回族自治区吴忠市的吴忠仪表有限责任公司，一眼就能看到生产车间里摆放着的一个直径长达3米的白色三偏心蝶阀展示样品，这是马玉山（图1-2）带领团队夜以继日进行技术创新的成果。马玉山是中国工程院院士，吴忠仪表有限责任公司的党委书记、董事长。从1991年被分配到吴忠仪表工作，他已潜心研究控制阀30多年。

2004年，吴忠仪表因盲目投资、偏离主业等原因经营困难，一度连工资都发不出来，近200名技术人员纷纷选择离开。彼时，马玉山已是控制阀领域有名的专家，深圳、苏州等地多家企业向他抛出了“橄榄枝”。然而，马玉山选择了坚守。他认为自己有责任为企业寻找一条出路，继续带领剩下的不到10名技术人员开展技术创新。

图1-2 马玉山（右）正在与技术人员交流

2018年，中国石油天然气集团有限公司找到吴忠仪表，希望他们迅速组织力量开展科技攻关，生产压缩机防喘振控制阀。原来，中石油需在当年供暖季前实现全国天然气管网互联互通，但当其向海外企业提出采购需求时，对方回复交货期得一年，没有任何商量余地。马玉山接下了这个“急活儿”。他带领团队成员积极创新，绞尽脑汁寻找新方法，从产品设计到阀体铸造，再到机械加工、组装调试，最终只用不到两个月时间就突破了技术难关，保障了管网互联互通。

“技术创新一定要从需求出发，才不至于走弯路。”马玉山说。近年来，在他的带领下，吴忠仪表开发出了60多项控制阀新产品，其中24项被评为国家级重点新产品；先后获得国家及省部级科技进步奖23项，取得400多项发明和实用新型专利；在我国2 000万吨/年炼油、西气东输等重大装备制造中发挥着重要作用，实现了多类控制阀产品的进口替代。创新永无止境，马玉山说：“在控制阀领域，我会带领大家继续以使命担当，倾力打响‘中国智造’。”

（资料来源：艾福梅，马玉山：在控制阀领域打响“中国智造”，新华网）

当今世界，人类进入了一个崭新的时代，海量知识不断更新，科技成果层出不穷，传播手段日新月异。要跟上时代的脚步，就要对头脑中的固有思维模式说“不”，要培养创新精神，敢于“换一种思想、换一种做法、换一种活法”，敢于发现新世界。创新精神包含了独立精神、质疑精神和坚强毅力三个方面。

（一）独立精神

从心理学上讲，独立人格就是个人在人格倾向性和人格心理特征上表现出来的独立于他人的主体性、自我性。个体习惯进行独立判断、自主决定，在能力、气质、性格上表现出明显区别于他人的个性和非依赖性。人格独立不是脱离群体、孤僻独行，也不是倡导个人主义、自我中心主义。心理学家吉尔福特指出创新人才在人格上具有八个特点，其中第一个特点就是具有高度的自觉性和独立性。独立人格是激发创新能力的“催化剂”。

具有独立人格的个体拥有独立意识。首先，他们不会在思想上跟随他人，不人云亦云，他们拥有独创精神、独立见解、独立判断；其次，具有独立人格的个体善于理性思考，他们有明确的自身发展方向，能够牢牢掌握自己的命运，努力实现自己的理想；最后，具有独立人格的个体有共存、合作和责任意识，道德责任感较强，不会因为一己私利不顾他人的利益。

独立精神拒绝因循守旧，拒绝思想上的惰性。个体在生活中会受到政治、经济、文化等方面多种因素的制约和影响，但这并不影响个体主观能动性的发挥。只有坚持尊重事实、独立思考、充满自信，才能成为真正的创新者。

（二）质疑精神

创造性思维是具有质疑精神的思维，它打破了解决问题的传统方式。南宋哲学家陆九渊曾说：“疑则有进，小疑则小进，大疑则大进。”没有质疑，就永远不会发现问题、提出问题。

案例 1-2

张连钢：一门心思把港口科技创新做好

张连钢是山东省港口集团有限公司高级别专家。他带领团队破解了十几项世界级难题，建成了世界上自动化程度最高、作业效率最高的全自动化集装箱码头，并先后9次刷新了世界纪录。

1983年，张连钢从武汉水运工程学院毕业后，便扎根港口一线工作。随着青岛港集装箱码头业务逐步发展，张连钢从一名技术人员逐步成长为码头生产管理者。说起数十年间的工作经验，张连钢说：“我一门心思，就想把港口科技创新做好。”

2013年，青岛港集团启动全自动化集装箱码头建设项目，拥有深厚技术功底和丰富管理经验的张连钢被选中“挑大梁”。“我们成立了IT组、土建组、桥吊组等9个攻关小组，分兵出击、协同作战。”张连钢说。他带领团队进行流程创新性再造，规划设计、建设集成和商业运营“三位一体”，自主研发了机器人自动拆装集装箱扭锁技术及系统等多项全自动化码头核心技术。在青岛港前湾港区南岸一个闲置的库房里，这个团队熬过了无数不眠之夜。见证那段艰难历程的是几十万字的分析论证报告、3 000多份技术讨论会记录，以及每周都要清走的数个方便面包装箱。最终，张连钢率队用15个月的时间，完成了在国外至少需要3年的设计周期；仅用3年半，完成了在国外需要8年到10年的建设周期。“我们全自动化码头的1台桥吊，可以干出国外同类码头2台桥吊的作业量，但投资成本远低于国外。船长和货主抢着来我们这里靠泊。”张连钢说。

2018年6月，青岛港全自动化码头二期建设项目启动，张连钢继续带领团队投入技术研发。他们定下了“全面超越一期，引领世界全自动化码头发展潮流”的目标，弘扬创新精神，推出了自主研发、集成创新的“氢+5G”“全球首创机器视觉+自动化技术”等多项科技成果。

图1-3 张连钢在与技术团队成员讨论

随着全球领先的智能空轨集疏运系统（示范段）在青岛港竣工，他们实现了港区交通由单一平面向立体互联的突破；全球领先的顺岸开放式全自动化集装箱码头在日照港落地，又为全球港口提供了传统码头改造升级为全自动化集装箱码头的“中国样本”……张连钢和团队站在更高的平台上不断开展科技创新。

进入2024年，年逾六旬的张连钢仍奋战在码头建设第一线，向着全自动化码头三期关键核心技术的自主可控奋力攻关。他说：“我们建设世界一流的海洋港口，应该树起‘中国样本’。这是我作为一个港口科技工作者的理想。”

（资料来源：王凯，张连钢：一门心思把港口科技创新做好，新华网）

（三）坚强毅力

决定我们能否成为创新者的不是我们多么聪明、多么有天赋，或者多么努力地工作，而是我们如何应对创新中的各种逆境。

1. 自信

自信就是在自我评价上的积极态度，是人们积极进取的强大动力，也是人们完成活动的有力保证，体现了一种健康的心理状态。在保证一个人事业成功的因素中，学识和专业技术的作用只占15%，而良好的心理素质的作用占85%。自信是成功的保证，是相信自己有力量克服困难、实现愿望的情感。自信的人能够正确地、实事求是地评估自己的知识、能力，虚心接受他人的正确意见，对自己所从事的事业充满信心。同时，自信也是一种内在的精神力量，它能鼓舞人们克服困难、不断进步。高尔基指出："只有满怀信心的人，才能在任何时候都把自己沉浸在生活中，并实现自己的理想。"战胜逆境最重要的是树立坚定的自信，自信可以使人集中全部智慧和精力去迎接各种挑战。

2. 意志力

意志力是指一个人自觉地确定目的，并根据目的来支配、调节自己的行动，克服各种困难，从而实现目的的品质。意志力是人格的重要组成因素，对人的一生有着重大影响。人们要获得成功，必须有意志力作为保证。孟子曾说："故天将降大任于是人也，必先苦其心志，劳其筋骨，饿其体肤，空乏其身，行拂乱其所为，所以动心忍性，曾益其所不能。"这段话生动地说明了意志力的重要性。要想实现自己的理想，达到自己的目的，需要有强大的意志力、勇敢顽强的精神，以此克服前进道路上的一切困难。

顽强的意志力是创新者不可缺少的因素之一。经济学家贝弗里奇说："几乎所有有成就的科学家都有一种百折不挠的精神。因为大多有价值的成就，在面临反复挫折的时候，都需要毅力和勇气来帮助取得。"

(四)社会责任感

社会责任感就是在特定的社会里，个人认为自己具备对其他人的伦理关怀义务的认知。社会并不是无数独立个人的集合，而是一个相辅相成、不可分割的整体，纯粹独立的个人是不存在的。我们不可能在完全不与他人交流的情况下独自生活，所以我们一定要有对他人负责、对社会负责的意愿。有社会责任感的人应该具备三方面的品质：坚持道德上正确的主张，坚持实践正义原则，愿意为他人做出奉献和牺牲。

四 创新能力

(一)创新能力的概念

创新能力是指在各种实践活动领域中不断提出具有经济价值、社会价值、生态价值的新思想、新理论、新方法和新发明的能力。培养创新能力，应具备基础知识、专业知识、工具性知识、方法论知识，以及综合性知识。

测评

威廉斯创造力倾向测验

(二)创新能力缺失的原因

一是缺乏创新意识和创新欲望，忽略了创新能力的培养。求知欲不足，依赖性强，不注重思考和质疑，缺乏"问题意识"，主观上不注重创新能力的培养和提升。

二是缺乏创新兴趣。创新兴趣是人们积极从事创新工作的动力，是人们在艰辛、烦琐的创新探索中的快乐源泉。缺乏创新兴趣，就难以激发创新潜能，无法提升创新的广度和深度。

三是形成了思维定式。在长期的思维实践中，每个人都会形成自己惯用的、格式化的思维模式，当面对外界事物或现实问题的时候，就会不假思索地把它们纳入特定的思维框架，并沿着特定的思维路径对它们进行思考和处理，这就是思维定式。法国生物学家贝尔纳说："妨碍学习的最大障碍，并不是未知的东西，而是已知的东西。"

四是认识与行动之间存在较大差距。认识上追求创新，体现出了比较积极主动的精神状态，但行动上不能落实，主动性发挥不够，欠缺投身实践的勇气和能力。

案例 1-3

叩诊法的发明

18世纪的一天，一位奥地利医生在给患者看病时，因没能确诊，患者突然死去。医生经过解剖，发现其胸腔化脓并积满了脓水。医生就想：能否在解剖前诊断出胸腔中是否积有脓水、积了多少？一天，在酒店里，他看到伙计们正在搬卸酒桶，只见他们敲敲这只桶，敲敲那只桶，边敲边听。他忽然领悟到，伙计们是根据叩击酒桶发出的声音来判断桶内还有多少酒的，那么人体胸腔中脓水的有无、多少是否也可以利用叩击的方法来判断呢？他大胆地做了试验，结果获得了成功。就这样，一种新的诊断法——"叩诊法"诞生了。

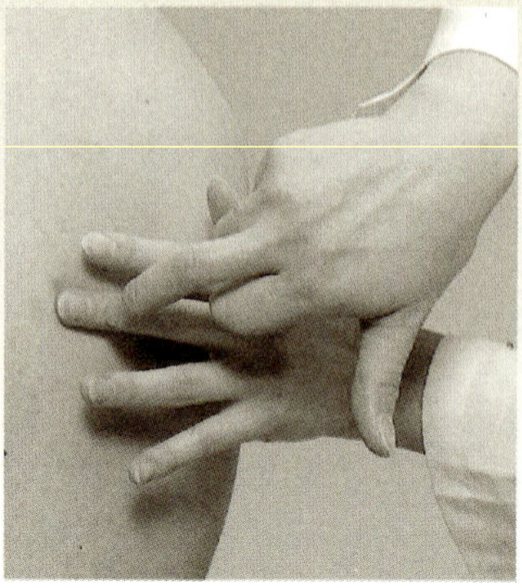

（三）创新能力自我评估

1. 创新能力的组成要素

创新能力是由两部分组成的。一部分是智力，包括知识和能力。知识学得越多、学得越活，个人的创新能力就越强；能力则包括理解力、记忆力和想象力。另一部分是在面对复杂的局面时，能迅速地抓住要害、找出办法的素质。这种素质一般体现为在复杂的工作中发现机遇并抓住机遇的能力，具体可以概括为以下几个方面：一是感知的能力，如敏锐的观察力；二是变通的能力，不拘于定理；三是沟通并在沟通中产生思想火花的能力；四是前瞻的能力；五是判断问题并找出解决方法的能力；六是利用信息的能力；七是协调解决问题的能力。

2. 创新能力评估的维度

（1）学习能力。学习能力即获取和掌握知识、方法和经验的能力，包括阅读、写作、理解、表达、记忆、搜集资料、使用工具、对话和讨论等方面的能力。"现代管理学之父"德鲁克说："真正持久的优势就是懂得怎样去学习。"

（2）分析能力。分析能力即能把事物的整体分解为若干部分并进行研究，做到由表及里、由浅入深、由易到难地认识事物的能力。分析能力与个人的知识、经验和禀赋，是否具有共同讨论和合作研究的品质，以及分析工具和方法有关。

（3）综合能力。综合能力即把研究对象的各个部分结合成一个有机整体进行考察和认识的能力。综合能力包括进行思维统摄和整合的能力、积极吸收新知识的能力、研究和分析的能力。

（4）想象能力。想象能力即以一定知识和经验为基础，不受已有结论、观点、框架和理论的限制，通过直觉、形象思维或组合思维，提出新设想、新创见的能力。

（5）批判能力。批判能力即在学习知识和经验时，进行批判性的吸收和接受的能力。质疑和批判是创新的起点，重大创新成果通常都是在对权威理论进行质疑和批判的前提下得到的。

（6）创造能力。创造能力即提出新的概念、方法、理论、工具、解决方案等的能力，是创新型人才的禀赋、知识、经验和素质的综合体现。

（7）解决问题能力。解决问题能力即针对问题，调动已有的经验、知识和方法，采用已有的方法乃至创造性地提出新方法来予以解决的能力。

（8）实践能力。实践能力是为实现创新目标进行各种社会实践活动的能力。

（9）组织协调能力。组织协调能力即合理调配系统内的各种要素，发挥系统的整体功能，通过沟通、说服、资源配置等手段来组织协调各方，最终实现创新目标的能力。

（10）整合多种能力的能力。创新型人才能把多种能力有效地整合在一起发挥作用。通过学习、实践和历练，才能获得整合多种能力的能力。

课后实践活动

测试自己的创新潜质

活动目标：通过创新潜质测试，了解自己的创新潜质。

活动时间：15分钟。

活动步骤：

（1）请同学们做测试题。本测试共有31道题，涉及我们的工作、生活、价值观等方面。对于这些问题，每个人的看法都不尽相同，任何基于真实情况的回答都是你的个性、特点的反映，没有对错之分。

请在每道题的A和B中选择一个答案。有些题你可能从未碰到过或者难以选择，不需要过多思考，凭第一感觉回答即可。

①当要做别人也会做的事时，你更愿意（　　）。

A. 用大家接受的方法做　　B. 用自己想出的方法做

②你对自己物品的摆放通常是（　　）。

A. 在意的　　B. 随便的

③你更难以接受（　　）。

A. 生活的节奏单一不变　　B. 稳定有序的生活被打乱

④你认为更重要的是（　　）。

A. 能够预见事情　　B. 能够适应现实条件

⑤你喜欢（　　）。

A. 抽象的、概括性的观点　　B. 具体的、真实的叙述

⑥当被事先规定好要在某个时刻做某件事情时，你（　　）。

A. 很高兴，因为可以按计划行事　　B. 有些不高兴，因为被束缚了

⑦你更看重（　　）。

A. 潜在的可能性　　B. 真实的情况

⑧你较喜欢的词是（　　）。

A. 实干者　　B. 创新者

⑨你较喜欢的词是（　　）。

A. 制作　　B. 发明

⑩ 你较喜欢的词是（　　）。
A. 富于想象力　　B. 讲求实效
⑪ 你较喜欢的词是（　　）。
A. 有条不紊　　B. 机动灵活
⑫ 你较喜欢的词是（　　）。
A. 提前安排　　B. 不断体验
⑬ 你较喜欢的词是（　　）。
A. 理论　　B. 经验
⑭ 周末或假日，你喜欢（　　）。
A. 提前安排好约会、社交聚会等　　B. 随心所欲，临时决定做什么
⑮ 在日常工作中，你会（　　）。
A. 从最后关头的压力中得到动力　　B. 避免出现燃眉之急造成的压力
⑯ 在工作中，你（　　）。
A. 尽量避免定最后期限　　B. 对安排好了的事情就不再轻易改动
⑰ 通常情况下，你（　　）。
A. 崇尚现实主义与常识　　B. 崇尚想象力与新事物
⑱ 你更愿意交的朋友是（　　）。
A. 总有新主意的人　　B. 脚踏实地的人
⑲ 你通常会（　　）。
A. 在做完决定后感到快乐　　B. 因保有选择的余地而感到快乐
⑳ 和你相处得好的人通常是（　　）。
A. 富于想象力的人　　B. 注重现实的人
㉑ 相形之下，你更相信（　　）。
A. 确定而有形的事物　　B. 灵感和推理
㉒ 你较喜欢的词是（　　）。
A. 一丝不苟　　B. 不拘小节
㉓ 你较喜欢的词是（　　）。
A. 想象　　B. 实际
㉔ 你较喜欢的词是（　　）。
A. 有条理的　　B. 随意的
㉕ 你较喜欢的词是（　　）。
A. 已知　　B. 未知
㉖ 你较喜欢的词是（　　）。
A. 过程　　B. 结果
㉗ 你较喜欢的词是（　　）。
A. 可能性　　B. 现实性
㉘ 你较喜欢的词是（　　）。
A. 具体　　B. 抽象

㉙ 你喜欢(　　)。

A. 有重大意义的探索性工作　　B. 常规性的实际工作

㉚ 在日常的工作与生活中，你(　　)。

A. 总有一种开创新局面、创造新事物的冲动

B. 认为多数时候应该采用经受过检验的常规方法，以免冒太大的风险

㉛ 在日常的工作与生活中，你(　　)。

A. 一旦确定目标，就会坚持不懈地为之奋斗

B. 会根据现实情况灵活调整你的目标

分数统计和结果说明见表1-1。

表1-1　创新潜质测试分数统计和结果说明

试题序号	选项A得分	选项B得分	试题序号	选项A得分	选项B得分
1	1	2	17	1	2
2	1	2	18	2	1
3	2	1	19	1	2
4	2	1	20	2	1
5	2	1	21	1	2
6	1	2	22	1	2
7	2	1	23	2	1
8	1	2	24	1	2
9	1	2	25	1	2
10	2	1	26	2	1
11	1	2	27	2	1
12	1	2	28	1	2
13	2	1	29	2	1
14	1	2	30	2	1
15	2	1	31	1	2
16	2	1			

51—62分：你的创新性、灵活性强，不喜欢因循守旧、墨守成规，总是寻求新的思路和方法，敢于打破陈规；关注对工作方式和组织运行方式等的创新和改进；富有创意和好奇心，总是能提出新颖的方法和独到的见解；思路开阔，能发现多种可能性，并对其保持开

放的态度；善于接受新的事物和新的观念。

41—50分：你的创新性、灵活性中等，在通常情况下，倾向于按照传统和经验行事，遵守已经形成的制度、惯例等，但在有必要时，也愿意接受对原有事物的改进和创新；处理问题时，多数情况下希望采用已经被证明有效的方式，但同时能对新的可能性、新的方法保持开放的态度；思路有一定的开阔性，能提出新的想法和创意。

31—40分：你的创新性、灵活性较差，喜欢遵循惯例、传统和经验，重视已经形成的制度、惯例等，不愿意加以变化和改进；处理问题时，不喜欢冒险尝试未经实践检验的方法，更愿意采用已经被证明有效的方法；关注目前的现实情况，对新的可能性考虑较少或比较排斥，有可能显得死板。

（2）和同学们分享你的测试结果，看大家对哪些试题的认识一致，对哪些试题的认识差异较大，分析原因。可以寻求老师、同学或朋友的帮助。

（3）结合个人自测结果，综合各方评价，正确认识自己的创新潜质。

任务二

了解创业

学习目标

1. 正确理解创业的内涵、功能和分类。
2. 增强自己的创业能力。
3. 树立正确的创业价值观，能主动将创业作为未来职业生涯发展的一种可能选择。

导入案例

“新农人”创业：助力汉源甜樱桃火“出圈”

雅安市汉源县位于四川省西南部，这里群山环绕，光热资源丰富，昼夜温差大，是种植甜樱桃的理想之地。目前，汉源县甜樱桃的种植面积达6万余亩，有30余个品种，年产量3.2万吨，产值达7亿元。

2023年5月19日上午，在雅安市汉源县富庄镇陈河村山里红合作社的甜樱桃基地，采摘樱桃、选果包装、装车转运……骄阳下一片忙碌。一个小伙子跳下车，三步并作两步走进仓储中心。他叫任素茂，是山里红合作社的理事长。当天下午，这里有一场四川省邮政分公司组织的甜樱桃带货专场直播，他专程赶到基地，检查选果及备货情况。

“我们坚持纯天然种植，不使用生长调节剂，全部施用有机肥，以科学化种植、标准化管理、规范化养护，成就了汉源甜樱桃的绝佳味道。”任素茂在直播间将甜樱桃的种植特点娓娓道来。最终，汉源甜樱桃成为整场直播的“人气之王”。两个多小时的直播共销售出各类农产品2.2万件，其中甜樱桃7 800余件，金额超过110万元，占总销售额的一半以上。

2008年，任素茂在朋友的介绍下做起了水果批发生意。2012年4月，雅西高速全线通车，以前翻越泥巴山要用半天时间，现在从隧道穿行则不到10分钟。交通的改善直接影响到了水果批发生意的利润，任素茂开始考虑转型。2016年，在汉源县政府的支持下，山里红种植养殖合作社成立。作为创业带头人的任素茂上任即面临难题：合作社种植的甜樱桃品质与其他乡镇的大同小异，没有什么优势，在市场中的知名度也很低。眼看着辛苦种出的甜樱桃被送到农贸市场中低价销售，农户们一筹莫展。

了解到农户面临的具体困难后，任素茂帮他们分析滞销的原因并提出改进方案，并寻求农业专家的指导，实行科学化、标准化种植，让山里红合作社的销售额从70万元增长到2022年的2 000万元，合作社成员户均年收入从2万元增至25万元，他们的“甜蜜事业”蒸蒸日上、前景广阔。市场给出了积极的反馈，社员们也以更高的热情投入甜樱桃的种植、养护、管理。如此良性循环，合作社种植的甜樱桃品质越来越好、销路越来越广、品牌越来越响。

（资料来源：助力汉源甜樱桃火“出圈”走进“新农人”创业背后的邮政故事，新华网）

启示：

大学生是创新创业的重要力量。我们必须清醒地认识到，创业并不仅仅是创办企业，更重要的是培养创业精神。培养开拓务实、创新敢为的精神，通过丰富的社会实践积累社会经验，这些都是成功创业不可缺少的基础。我们要正确认识创业，正确评价自己，做出正确的创业选择。

一 创业的内涵、功能和分类

（一）创业的内涵

创业是不拘泥于当前的资源，寻求机会进行价值创造的行为过程。创业的内涵通常具有三个要点。

第一，创业者不拘泥于当前的资源，主要指创业者不甘于资源供给的现状，会努力突破资源束缚，通过资源整合来达到创业目标。创业者在创业初期大多会经历资源缺乏、从无到有的过程。

第二，创业者善于寻求机会，主要指创业者在创业前要努力识别商业机会。发现了商业机会，才会有进一步整合资源的动力。所以，机会是创业活动产生的源泉。

第三，创业者能够进行价值创造，主要指创业的过程应该伴随新价值的产生。创业活动一般通过提供产品或服务的方式服务消费者，创造商业价值和社会价值。

微课

什么是创业

（二）创业的功能

创业一般具有以下功能。

1. 促进资源合理分配

创业有利于社会资源的合理配置。创业企业要生存并获得持续发展，必须具备比已存在企业更强的竞争力。从行业内的发展来看，创业企业的成功会影响行业现有的经营格局，加剧行业经营的竞争，形成优胜劣汰的局面，维持市场的活力。竞争的加剧有利于资源向经营良好、效率更高的企业流动，从而促进市场的发展，促使社会资源合理配置，产生更大的社会效益。

2. 推动组织发展

组织是创业者为把商业机会转换成商业价值而整合、配置资源的形式。在不同的经济发展阶段和商业环境中，需要以相应的组织形式支撑创业活动的开展。创业者为了适应不断变化的商业环境，必须不断地调整组织的功能与形式，从而推动组织的发展。

3. 帮助实现人生价值

创业为人们创造了发展的机会和增加个人财富的可能性。对许许多多梦想着开创自己事业的人而言，创业不但是充分实现人生价值的机会，更是发挥个人潜能的机会。在知识经济时代，智力已经成为关键性生产要素，拥有专业知识的人将更有可能通过创业实现人生价值。

4. 推动社会发展进步

新技术、新工艺、新方法进入市场，会催生出大量科研成果转化型企业，这对创新驱动发展战略的实施、全社会创新能力和我国综合国力的提升有着巨大的促进作用。创业有利于促进生产力发展和社会进步。

创新箴言

没有了工作，生命就会被腐蚀；工作若失去意义，生命就会窒息、停止。

——阿尔巴特·卡马斯

（三）创业的分类

1. 广义的创业

广义的创业指创造新事业的过程。换言之，所有创造新的事业的活动都是创业。无论是创建新企业、进行企业内部创新，还是在工作岗位上创造性地发挥自己的聪明才智，只要是通过发现机会、整合资源实现自己的价值和抱负的活动，都可以称为创业。所以，从广义的角度去理解，创业主体既包括营利性组织，又包括非营利性组织；既包括政府设置的部门和机构，又包括非政府组织；既包括大型组织，又包括小型组织。

2. 狭义的创业

狭义的创业是指创办企业的过程。创办企业一般要满足以下几个方面的条件：企业的创办符合法定的程序；企业能够提供满足市场需求的产品和服务；企业拥有适合自身产品或服务的营销模式；创业团队能根据企业发展需要对其进行有效管理。

二、认识创业能力

创业是指个人或若干人联合创办企业并掌握其所有权的活动，其过程是创业者整合资源、追逐机会的艰辛过程，也是创业团队成长的过程。从广义上来说，创业是创立基业、创办事业，通过开拓性思维、创造性劳动建功立业的活动。

创业能否成功与创业者的素养关系很大。创业活动是由创业者组织和主导的商业冒险活动，要成功创业，创业者不仅要富有开创新事业的激情和冒险精神、直面挫折和失败的勇气及各种其他优良品质，还要具备解决和应对创业活动中出现的各种问题和挑战的知识和能力。创业能力是创业者取得创业成功的保证。

微课

创业者应具备的素质和能力

（一）创业能力的内容

1. 决策能力

决策能力是指创业者根据主客观条件，因地制宜，正确地确定创业的发展方向、目标、战略，以及具体选择实施方案的能力。决策能力水平是一个人综合能力的体现，创业者首先要成为合格的决策者。

创业者的决策能力通常包括分析能力、判断能力。我们要创业，首先要对众多的创业目标和方向进行分析、比较，选择最适合发挥自己特长与优势的创业方向、途径和方法。在创业过程中，要从错综复杂的现象中发现事物的本质，找出真正存在的问题，分析原因，从而正确处理问题，这就要求创业者具有良好的分析能力。判断能力是指从客观事物的发展变化中找出因果关系，由此把握事物的发展方向的能力。分析是判断的前提，判断是分析的目的。

2. 经营管理能力

经营管理能力是指对人员、资金的管理能力。它涉及人员的选择、使用、组合和优化，也涉及资金的聚集、核算、分配、使用。经营管理能力是一种较高层次的综合能力，是运筹性能力。经营管理能力的形成要从学会经营、学会管理、学会用人、学会理财四个方面努力。

3. 专业技术能力

专业技术能力是指创业者运用专业知识进行专业生产的能力。专业技术能力的形成具有很强的实践性，要在实践中摸索，逐步发展、完善。创业者要重视创业过程中专业技术方面的知识学习和职业技能的训练，对于书本上介绍过的知识和经验，要在加深理解的基础上予以提高、拓宽；对于书本上没有介绍过的知识和经验要展开探索，在探索的过程中详细记录，认真分析，进行总结、归纳，形成自己的独特经验。只有这样，专业技术能力才能不断提高。

4. 交往协调能力

交往协调能力是指妥善地处理与公众（政府部门、新闻媒体、客户等）之间的关系，以及协调下属各部门、各成员之间关系的能力。创业者应该妥善处理与外界的关系，尤其要争取政府部门，特别是市场监管部门及税务部门的支持与理解，同时，要善于团结一切可以团结的力量，求同存异，共同发展，做到不失原则、灵活有度，巧妙地将原则性和灵活性结合起来。创业者只有搞好内外团结、处理好人际关系，才能建立一个有利于自己创业的和谐环境，为成功创业打好基础。

交往协调能力在书本上是学不到的，它实际上是一种社会实践能力，需要在实践活动中提升，不断积累、总结经验。

5. 创新能力

创新是知识经济的主旋律，是企业化解外界风险和取得竞争优势的有效途径。创新能力是创业能力的重要组成部分，它包括两方面：一是大脑活动的能力，即创造性思维、创造性想象、独立性思维和捕捉灵感的能力；二是创新实践能力，即在创新活动中完成创新任务的具体工作的能力。创新能力是一种综合能力，与人们的知识、技能、经验、心态等有着密切的关系。

6. 商业洞察力

商业洞察力是指深入考察事物或问题，对其商业价值和前景等进行透彻分析的能力。要谋求发展，创业者必须有极强的发现事物发展方向的能力。创业者的商业洞察力尤为重要。

（二）创业能力的培养路径

大学生创业实践成功的关键是有较强的创业能力做支撑。良好的创业能力从何而来？我们可通过以下路径着力培养。

1. 在思想和精神上锤炼自己

要树立自信、自强、自主、自立意识。自信就是对自己充满信心，相信自己有能力、有条件去开创自己的事业。自强就是在自信的基础上，通过实践，不断提升自己各方面的能力，进一步磨炼自己的意志，敢作敢为，积极进取。自主就是具有独立的人格，具有独立思考能力，不受传统和世俗偏见的束缚，不受舆论和环境的影响，能自主选择自己的道路，善于设计和规划自己的未来，并采取相应的行动，还要有远见，有敢为人先的胆略。自立就是凭借自己的头脑和双手，凭借自己的智慧和才能，凭借自己的努力和奋斗，建立起自己的事业。

2. 广泛获取创业知识

有多种渠道可以帮助我们打好学习创业知识的基础。首先，大学图书馆和创业实训室中会有创业指导方面的书籍，我们可以通过阅读增强对创业的认识。其次，创业是目前媒体报道的热门领域，无论是传统媒体，如报纸、图书、杂志、广播、电视，还是新媒体，如网站、微信公众平台、微博，每天都会提供大量的创业知识和信息。最后，各地的创业中心、大学生科技园、大学生创业园等机构的网站上也有丰富的创业知识，且往往针对性较强。

3. 注重能力的综合培养

创业涉及方方面面，需要与不同的人和事打交道，对创业者能力的要求很高。创业者既要懂经营，又要善于管理；既要能协调处理各方面的关系，又要当机立断、临危不乱、指挥若定；既要能言善辩，又要能谈判、公关；既要能开拓创新，又要不怕挫折、困难。因此，创业能力的综合性很强。联合国教科文组织把"学会认知、学会做事、学会共同生活、学会生存"作为21世纪教育的四个支柱和开启未来人生大门的四把钥匙。"学会认知"就是指掌握学习的方法、手段，培养发现问题、分析问题和解决问题的能力。"学会做事"就是指要培养创新能力，应变能力和处理复杂突发事件、危机的能力。"学会共同生活"就是指要培养团结协作能力和团队精神，培养竞争意识和管理能力。"学会生存"就是指要不断增强自主性、判断力和责任感，培养交际能力、语言表达能力、判断能力等。我们要注重能力的综合培养，提高创业能力，才能在创业时"走得出""站得住""干得好"。

4. 积极参加各种实践活动

实践环节能使我们于在校期间积累创业经验，是培养创业能力的有效途径。所以，我们在校期间要积极参与创业实践活动，如大学生创业大赛、创业计划书大赛。

我们还可以通过参与社团组织活动、创业见习、职业见习、兼职打工、求职体验、市场和社会调查等活动来接触社会，了解市场，磨炼自己的心志，提高自己的综合素质。创业活动无处不在，我们平时可以多参与创业活动的交流，向成功创业者请教，向专业机构咨询。这种通过人际交往获得的最直接的创业经验与技巧，将使我们在创业过程中受益无穷。

如有条件，我们也可以投身于真正的创业实践，在创业实践中提高自己的创业能力。参与创业实践，既能为将来开展创业活动积累经验，又能培养分析和解决问题的能力、组织协调能力、管理能力、应变能力、语言表达能力等，还有利于增强创业意识和创业热情，做好应对挫折、面对困难的心理准备，促进创业成功。

三 创业价值观的树立

开展创业或加入一家新创企业，意味着要比在非新创企业工作的人面对更大的压力，但也能学到更多的知识和技能。那么，当确定要开展创业或加入新创企业时，我们需要在树立创业价值观方面做哪些准备？

（一）做好心态管理

心态管理就是让自己的积极心态成为主导，克服消极心态的影响。正如叔本华所言："事物本身并不影响人，人们只受对事物的看法的影响。"企业在发展过程中必然会遇到各种各样的问题，新创企业更是如此，这就需要我们发挥正面思考的力量与智慧，以对企业和自己100%负责的态度投身到企业的建设中去。为此，创

业者和新创企业的员工应该积极做好心态管理，着力培养以下几种心态。

1. 慎独心态

慎独是儒家思想中的一个重要概念，它讲究个人道德水平的提升，注重个人的品行、操守，是个人风范的最高境界。慎独的含义是“在独处时谨慎不苟”。其实，慎独就是在没人监督的情况下，依然严格要求自己，慎重行事。

培养慎独精神，主要可以从以下方面进行：一是增强修养的自觉性，持之以恒，始终如一，不忘初心；二是打消侥幸、省事的念头，特别是在工作繁忙时，更要以慎独精神要求自己，不要产生偷懒、回避的心态。

2. 空杯心态

空杯心态也叫“归零心态”，就像杯中盛满了浑浊的水，只有把浑浊的水倒掉，杯子才可以再被用来装清澈的水。空杯心态要求我们做到自我改变，把以往不好的习惯改掉，这样才能学到更多的东西。最好的改变就是一切从头开始。

3. 进取心态

在创业过程中，务必增强进取心态。对不懂的东西，要主动、反复学习。积极进取不但是一种心态，更是一种生活方式，由此提升的能力不但会转化为个人的竞争力，而且会转化为企业的竞争力。

4. 敬业心态

敬业就是要尊重、热爱自己从事的事业。个人只有对自己所从事的工作充满热情与兴趣，才有可能主动克服各种困难，逐步实现自己的奋斗目标。

5. 主人翁心态

主人翁心态是一种使命感、责任心、事业心，体现了“大处着眼、小处着手”的工作精神，对效率、效果、质量、成本、品牌等方面的持续关注与尽心尽力的工作态度。创业者和新创企业员工特别需要树立主人翁心态。只有具备了主人翁心态，我们才会去关注企业的成长问题，才会知道什么该做、什么不该做。反之，我们就可能得过且过、不负责任，认为企业的命运与自己无关。

6. 包容心态

创业的成功依靠创业团队成员的合作奋斗。在创业团队、新创企业中，我们会接触到不同性格、不同行为习惯的成员，这就要求我们学会包容。只有养成包容心态，接纳差异，我们的事业才能不断发展。

（二）善于团队合作

俗话说“三个臭皮匠，顶个诸葛亮”。作为创业者和新创企业员工，更需要对团队合作有清晰的认知，不断寻找方法和途径来强化个人的团队合作意识。

1. 团队合作的概念

团队合作是一种为达到既定目标而自愿合作和协同努力的行为，可以调动团队成员的所有资源和才智，产生一股强大而且持久的力量。

2. 团队合作的作用

（1）团队力量大于个人力量。团队的力量远大于个人的力量。团队不仅强调个人的工作成果，更强调团队的整体业绩。团队所依赖的不仅是集体讨论和决策，更是成员的共同贡献。团队绩效大于各部分绩效之和。一根筷子易被折断，但把更多的筷子放在一起，想要折断是一件很困难的事。

（2）团队合作的本质是共同奉献。这种共同奉献需要一个切实可行、具有挑战意义且能够让成员信服的目标。只有这样，才能激发团队成员的工作动力和奉献精神。大家只有不断分享自己的经验，不断吸取其他成员的经验，遇到问题及时交流，才能让团队的力量发挥得淋漓尽致。

（3）团队合作有利于个人的潜力发挥。当团队中的每个成员都坦诚相待、都有奉献精神时，个人的能力肯定会大大提升。如果我们把团队里面每个成员的长处都变为自己的长处，扬长避短，团队的力量会日益强大，自己的能力也会慢慢得到提高。

团队合作能激发出团队成员不可思议的潜力，让每个人都能发挥出最大的力量，而且团队的工作业绩往往能超过成员个人业绩的总和。

团队精神的核心就是协同合作。协同合作是任何一个团队都不可或缺的精髓，是建立在相互信任基础上的无私奉献，团队成员由此实现互补互助。

（三）养成创业意识

意识是行动的指南，创业意识支配着创业者对创业活动的态度和行为，是创业素质的重要组成部分。我们应该着力培养以下几种意识。

1. 资源意识

创业需要具备方方面面的资源，包括信息资源、人力资源、财力资源、物力资源等，这些都是企业这个复杂构体不可或缺的基石。创业者在创业过程中，需要将有限的资源进行整合，这样才能确保企业不断发展。

2. 营销意识

营利是创业最基本也是最重要的目的，对于从事企业经营的创业者而言，最重要的事情是把自己的商品卖出去，因此，市场营销对创业的成功而言是非常重要的。在企业发展的不同阶段，需要配合相应的营销策略，以产品营销带动企业良性发展。

3. 管理意识

企业的有序运作不是仅凭借一两个人的力量能够做到的。所以，创业者必须学习一定的管理知识，并将这些知识运用到日常的管理实践中去，从而将企业内外的所有资源调动起来。

4. 风险意识

创业是一种风险很大的社会实践活动。不少创业者一开始并没有做好创业的心理准备，就贸然踏上这条艰险之路，结果遇到一点危机就半途而废。作为创业者，我们任何时候都不能忘记危机，任何时候都不能忘记进取和创新。

5. 形象意识

创业是一个长期的过程，也是一个由小到大、由弱到强的过程。所以，为了确保企业得到长足的发展，在经济效益较好的情况下，应尽可能地创造社会效益，这就要求我们具备一定的形象意识，注重树立良好的企业形象。

案例 1-4

"绿色萤火虫"公益林项目启动

2024年，东亚银行(中国)启动了"绿色萤火虫"公益林项目，携手"蚂蚁森林"和北京市企业家环保基金会，共同推动低碳生活和环境保护。该项目计划在三年内种植不少于27 000棵油松，随着苗木生长，将可固碳至少2 000吨，为实现碳中和目标做出贡献。东亚银行(中国)希望通过该项目进一步践行低碳环保理念，同时带动社会公众关注绿色减排，实现生态环境可持续发展。

为了实现这一目标，东亚银行(中国)将动员全体员工、客户及广大社会公众参与。在"蚂蚁森林"平台，用户可通过以步行替代开车、在线缴纳水电煤费用、网络购票等绿色行为获得虚拟"绿色能量"，再用虚拟能量申请种树。之后，东亚银行(中国)将向北京市企业家环保基金会进行捐赠，在陕西延安种下一片油松森林，以激励用户的低碳环保行为。

此次与东亚银行(中国)合作的伙伴"蚂蚁森林"和北京市企业家环保基金会在环保领域都有着显著的影响力。"蚂蚁森林"作为倡导低碳生活的平台，提供了游戏化且易于参与的方式，鼓励人们通过日常低碳行为减少碳排放。而北京市企业家环保基金会作为中国最大的环保公益基金会之一，长期致力于生态保护和可持续发展项目。

[资料来源：赵萌，东亚银行(中国)携手蚂蚁森林、SEE基金会启动"绿色萤火虫"公益林项目，中国经济网]

6. 学习意识

创业仅有一股狂热激情是不够的，还要有不断学习新知识、新经验、新技能，提高自身水平的强烈意识。对凡是有益于自己事业的东西，都要如饥似渴地学习：不懂技术学技术，不懂管理学管理，不懂营销学营销，不懂财务学财务……不断完善自己，永无止境。

7. 竞争意识

在当前的市场经济环境中，竞争是不可避免的。如何在激烈的市场竞争中取得优势，这是创业者的一门必修课。对于刚刚进入市场的创业者来说，如何应对市场竞争，提高自身的竞争力，是我们需要首先思考和解决的问题。作为创业者，我们必须树立竞争意识，在心态上直面竞争，意识到竞争对成长的价值，欢迎和拥抱竞争。

课后实践活动

创业能力分析

活动目标：学会识别创业机会，提升个人创业能力。通过关于案例的交流讨论，掌握在创业过程中运用这些能力的方法。

活动时间：1小时。

活动步骤：

（1）林文海原本是互联网公司员工，后来，他意识到“互联网+创业”会产生大量创业机会，便辞职返乡创业，开始做水果电商运营。在做普通的水果电商业务过程中，他发现许多年轻人会因快节奏的工作而产生压力，于是，他将香蕉与“禁止焦虑”的寓意结合，设计推出了一款名为“禁止蕉绿”的水培盆栽。绿色香蕉搭配花瓶和“禁止蕉绿”的小卡片，让他的创意火出了圈。在社交媒体和电商平台的推广下，“禁止蕉绿”在短时间内吸引了大量关注，很多年轻人将它作为自己的“办公新宠”。

请每6～8名同学为一小组，运用头脑风暴法讨论：林文海的创业事例体现了他的哪些创业能力？应该如何在创业过程中运用这些能力？

（2）各小组分别派一名代表，介绍本小组的讨论结果。

（3）教师点评、总结。

任务三 分析创业案例

学习目标

1. 掌握创新创业案例分析的具体方法和具体步骤。
2. 能运用科学、合理的方法分析具体创新创业案例，能正确评价创新创业案例。
3. 树立创新创业案例的分析意识，从中汲取经验教训。

导入案例

赵亚夫：以科技创新兴农富农

把大米酿成米酒，剩余的酒糟做成黑猪饲料，把黑猪排泄的粪便堆肥给桃树，散养的鸡鸭穿梭在树荫下，啄食坠落的果实，鸡粪、鸭粪同样化作肥料……这个家庭农场生态“小循环”，是江苏省句容市天王镇戴庄有机农业专业合作社研究员赵亚夫带领当地农民对生态农业进行的新探索（图1-4）。

图1-4　赵亚夫（左）在查看果树生长情况

“我们戴庄的有机稻田里已连续16年不施化肥、不打农药了。”倡导有机循环种养、实施农业生态修复，这是赵亚夫带领戴庄村农民蹚出来的一条农业高质量发展之路。很难想象，如今践行先进生态农业理念的戴庄村是昔日茅山革命老区丘陵腹地的“穷山村”。2002年，赵亚夫执意来这里推广农技。彼时戴庄村年人均收入不足3 000元，还达不到镇江市平均水平的四分之一。

“他当时到戴庄来，说发展有机农业，桃子种出来能卖五块钱一斤。老百姓听到之后说：‘那个老头子瞎讲，我们的桃子卖一块钱三斤，你想卖五块钱一斤，不是天方夜谭吗？’”还有村民问：“你这么大年纪了，歇歇不好吗？在家享享清福，何苦在稻田里爬来爬去，在果林里汗流浃背？”

赵亚夫刚到村里想打开局面，就遭遇了艰难处境。但他没有辩驳，默默在流转的175亩岗坡地上建起了示范园。由于知识基础深厚，善于利用先进技术，不久，“天方夜谭”变为现实。凭借有机水稻及水蜜桃、葡萄、无花果等高经济附加值的水果种植，示范园的亩产收入比常规栽培提高了四五倍。

村民们时常看到赵亚夫走在田野里，时而俯身查看作物长势，时而直起身来眺望远方，若有所思。在他的创新努力下，昔日的低产土地上，如今种出了高产有机稻。2021年，句容市戴庄村的越光有机再生稻规模化种植获得成功，不使用任何农药、化肥，每年收两季，年亩产量提高到了1 000斤。

（资料来源：刘宇轩，赵亚夫：走好科技兴农富农路，新华网）

启示：

赵亚夫在青年时就立下了“为农民服务一辈子”的志向。他不辞辛劳，忙碌在田间地头，以“戴庄模式”坚定了农民的信心，做到了把“论文”写在大地上。

一、案例和案例分析

（一）案例

简单地说，案例就是对实际情景的描述，这些情景包含一个或多个疑难问题，同时也可能包含解决问题的方法。

从总体上来说，案例具备这样一些特征：

（1）案例叙述的是一个事件；

（2）案例的叙述要有从开始到结束的完整情节，并包含一些戏剧性的冲突；

（3）案例的叙述要具体，不应是对活动笼统的描述，也不应是对总体特征所做的抽象化的、概括化的说明；

（4）案例的叙述要把事件置于一个时空框架之中，要说明事件发生的时间、地点等；

（5）案例对行动等的陈述要能反映其复杂性，揭示出人物的内心世界，如态度、动机、需要；

（6）案例的叙述要能反映出事件发生的特定背景。

（二）案例分析

案例分析就是根据案例所提供的事件叙述，依据一定的理论知识，针对该事件做出决策、评价，或提出解决问题的具体方法或意见等。案例分析考查的是高层次的认知水平。案例分析除了具有实际操作方面的价值，还能体现个人了解知识的程度，理解、运用知识的能力，以及综合、分析、评价方面的能力。

案例分析要着重进行背景分析，即了解事件的开始与发展过程，包括期间的重要时刻、重要事件等，并关注对困难和问题的处理与解决方法。

二、案例分析的基本工具

（一）SWOT分析法

SWOT分析法是指综合考虑企业内部条件和外部环境的各种因素，对其进行综合、概括和系统评价，确定企业的竞争优势、竞争劣势、竞争机会和竞争威胁，将企业的战略与内部资源、外部环境有机地结合起来，从而选择最佳经营战略的一种分析方法（图1-5）。这里，S是指企业内部的优势，W是指企业内部的劣势（内部因素）；O是指企业外部环境中的机会，T是指企业外部环境中的威胁（外部因素）。优势与劣势分析是指企业内部的竞争力状况分析，包括企业的物质环境分析和文化环境分析。机会与威胁分析是指企业外部的环境状况分析，包括环境机会分析和环境威胁分析。

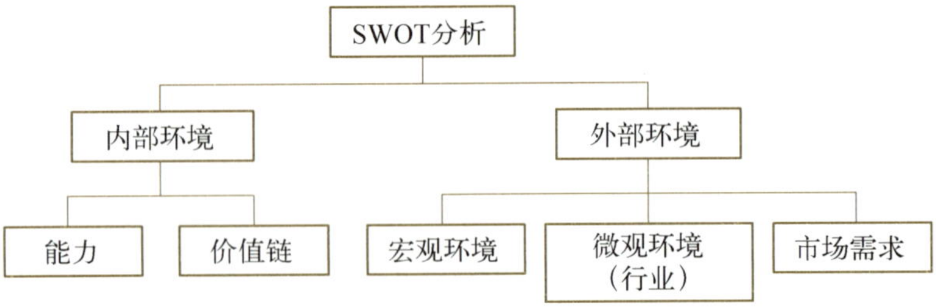

图1-5 企业环境的SWOT分析

企业在制定发展战略时，需要考虑众多关联因素，而这些因素对不同企业的影响程度和关联性各有差异。在制定发展战略时，企业应选择关键因素作为依据。应在对企业自身的优势与劣势进行充分分析的基础上，正确预测产品的发展趋势，对竞争对手的技术状况、产品的生命周期做出客观评价，继而制定切实可行的战略。一般而言，有以下四种战略可选择（表1-2）。

表1-2 不同情况下的战略选择

项 目	优势（S）	劣势（W）
机会（O）	SO战略 发挥优势，抓住机会	WO战略 克服劣势，抓住机会
威胁（T）	ST战略 发挥优势，避开威胁	WT战略 克服劣势，避开威胁

1. SO战略：内部优势与外部机会相匹配

内部优势与外部机会相匹配是最理想的状态，风险较小。可通过两种方式强化组织内部的优势：一是通过找出最佳的资源组合来获得竞争优势；二是通过提供资源来强化已有的竞争优势。企业要充分发挥自身优势，将外部机会转化为自身发展的动力。

2. WO战略：内部劣势与外部机会相匹配

在内部劣势与外部机会相匹配时，有以下两种选择：一是加强投资，将劣势转化为优势，开拓机会；二是把机会让给对手。企业可以通过克服自身的劣势来尽力抓住外部环境中的机会。

3. ST战略：内部优势与外部威胁相匹配

在内部优势与外部威胁相匹配时，有以下两种选择：一是通过重新构建组织资源来获得竞争优势，将威胁转化为机会；二是采取防守战略，抓住其他战略选择中有前景的机会。企业要利用自身的竞争优势来规避市场风险。

4. WT战略：内部劣势与外部威胁相匹配

内部劣势与外部威胁相匹配是最糟糕的匹配，存在的风险最大。企业有以下两种选择：一是主动进取，争取领先；二是主动放弃。企业的重点是规避市场风险。

（二）PEST模型

创业的宏观外部环境包括政治和法律环境（political）、经济环境（economic）、社会文化环境（social）、技术环境（technological），简称PEST（图1-6）。

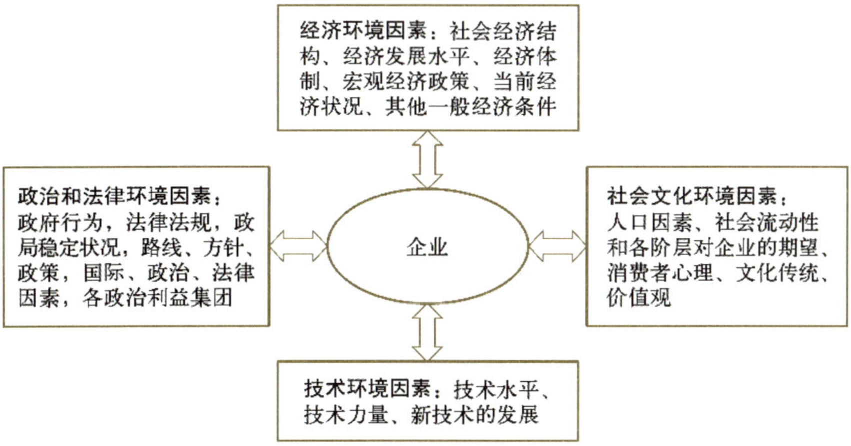

图1-6　创业的宏观外部环境

1. 政治和法律环境

政治环境是制约和影响企业的各种政治要素及其运行所形成的环境系统。政府的政策往往会直接或间接影响企业的经营行为。因此，在制定企业战略时，对政府政策的长期和短期的预测十分重要。企业应对长期性的政策做好必要的准备，对短期性的政策则可视其有效周期做出不同的反应。

法律法规对于规范市场和企业行为有着直接作用。企业在制定战略时，要充分了解既有的法律法规，要特别关注那些正在酝酿之中的法律法规，这是企业在市场中生存和参与竞争的重要前提。

2. 经济环境

企业的经营活动要受国家或地区的整个经济发展水平的制约。企业的经济环境主要由社会经济结构、经济发展水平、经济体制、宏观经济政策、当前经济状况和其他一般经济条件六个要素构成。宏观经济环境的分析要素包括国家的经济制度、经济结构、产业布局、资源状况、经济发展水平及未来的经济走势等。微观经济环境的分析要素包括市场需求、竞争和资源环境等。

3. 社会文化环境

社会文化环境包括宏观和微观两个层面。宏观社会文化环境包括一个国家或地区的居民价值观、文化水平、消费方式与习惯、宗教信仰、风俗习惯、审美观等。微观社会文化环境包含与相关行业有关的消费倾向、消费结构、消费习惯和消费价值观等。

4. 技术环境

技术环境包括宏观和微观两个层面。宏观技术环境包括国家或地区的科技体制、科技政策、科技研究领域、科技成果的门类分布及先进程度、科技研究与开发的实力等。微观技术环境包括与本企业有关的科学技术的现有水平、发展趋势和发展速度等。

（三）波特“五力”模型

通常，对企业的行业环境要关注两个方面，一是行业内的竞争程度和变化趋势，二是行业所处的生命周期。波特“五力”模型（图1-7）反映了新创企业应关注的环境因素。波特认为，潜在竞争者、行业内竞争者、替代品、购买者和供应商等因素决定了一个新创企业的竞争力。

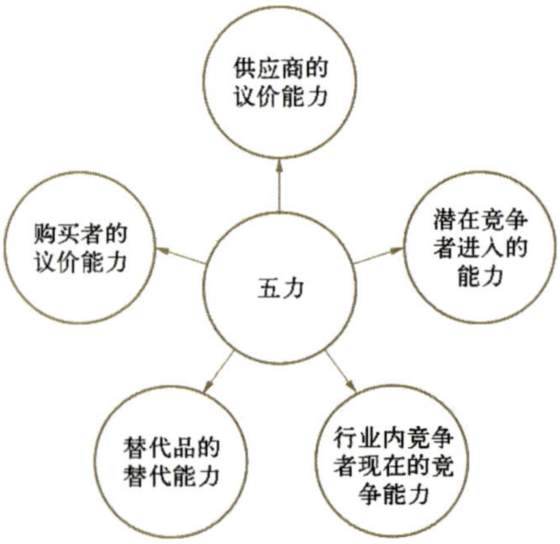

图1-7　波特“五力”模型

波特“五力”模型由迈克尔·波特于20世纪80年代提出，经常被用于对竞争战略进行分析。“五力”分别指潜在竞争者进入的能力、行业内竞争者现在的竞争能力、替代品的替代能力、购买者的议价能力和供应商的议价能力。波特“五力”模型可以被用来有效地分析中观环境，展现新创企业在整体产业、行业中所处的位置与面临的形势。这五种力量的强度决定了行业竞争的激烈程度，从而决定了企业的获利潜力。

1. 潜在竞争者进入的能力

潜在竞争者进入的能力主要取决于进入壁垒的高低。要减少潜在竞争者，可以采取措施提高进入壁垒。比如提高产品的差异化水平，使自己的产品和服务区别于其他企业的产品和服务，且不能轻易被模仿。

2. 行业内竞争者现有的竞争能力

行业内竞争者现在的竞争能力主要与行业特征，以及竞争者自身的情况和他们在竞争中采取的竞争行动有关。在综合波特给出的影响要素和学者提出的主要指标的基础上，可以将这方面的分析内容归纳为六大要素，即产业竞争结构、产业增长、产业生产能力、竞争企业差异化或转换成本水平、战略利益及退出壁垒。

3. 替代品的替代能力

对替代品的分析，一是要确定哪些产品可以替代自己提供的产品，二是要判断哪些类型的产品可能会对自己造成威胁。波特认为威胁性较大的有两类替代品：一类是性价比高而会排挤行业内原有产品的产品；另一类是由盈利性强的产业所生产的相似产品，其在相似度高的情况下盈利性强，产品的成本能够压低，从而对现有产品产生威胁。

4. 购买者的议价能力

购买者的议价能力的高低主要与购买者的自身实力有关，它包含五个要素：购买产品的数量及集中程度、所购买产品非差异化或转换成本水平、购买者对产品的依赖程度、产品对购买者产品的重要性程度及产品后向一体化。

5. 供应商的议价能力

供应商的议价能力主要取决于供应商在产业博弈中的相对优势。供应商的议价能力包括五个基本要素：供应商产业的集中化程度、供应商产品差异化或转换成本水平、产业对供应商的重要性程度、供应商产品对客户业务的重要性程度及产品前向一体化。

（四）价值链模型

价值链（图1-8）是一个商业体系，用来详细描述企业营运或功能行为的顺序。最著名的“波特价值链”，即价值链分析法，也是由迈克尔·波特提出的。他认为，每一个企业都是在进料、生产、发货、销售、售后服务的过程中进行种种活动的集合体。所有这些活动可以用一条价值链来表示。

（五）企业竞争资源四层次模型

在形成竞争优势的多项因素中，资源是最基本也是最重要的，它是物质基础，如果这一基础丧失，其他因素的作用都将不复存在。将企业竞争资源进行模型化，它就会更直观、简明。一般而言，企业竞争资源可分为四个层次（图1-9）。

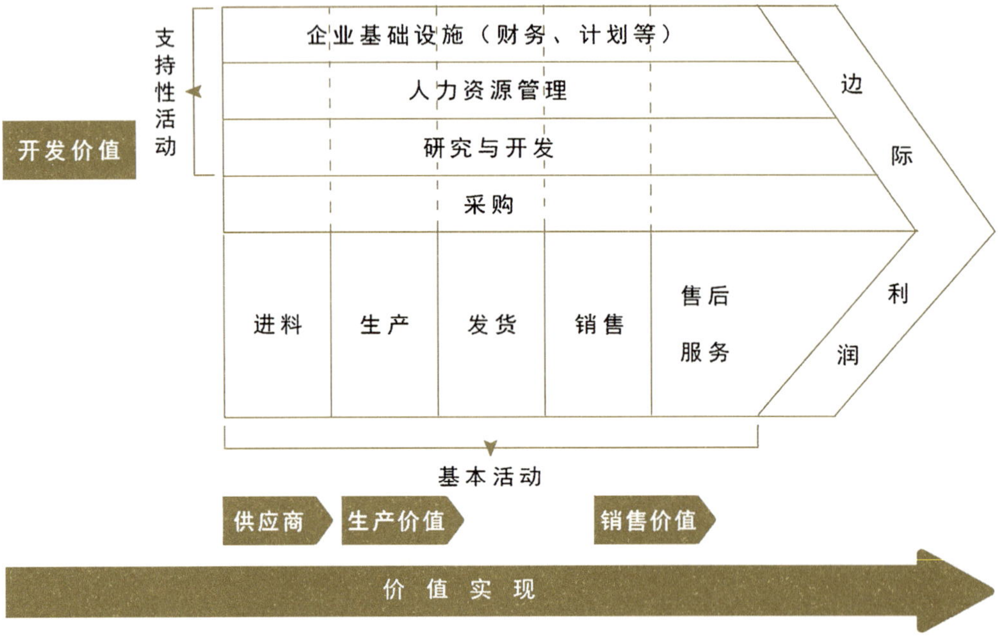

图1-8　价值链

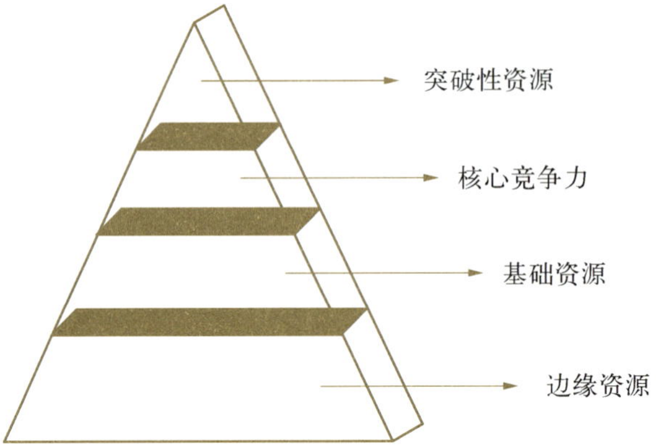

图1-9　企业竞争资源四层次模型

三 案例分析的基本角度

分析案例时，应当把握以下两个基本角度。

（一）当事人的角度

分析案例的第一个要点是进入角色，切忌站在局外，从旁观者的角度，只是作为一名普通的观众，纯客观地、学究式地去分析与评价。必须扮演案例中的主要角色，设身处地地去体验、观察与思考，这样才能忧其所忧、急其所急，才有真实感、压力感、紧迫感。这也是案例分析的目的。

（二）总经理的角度

这种角度通常适用于分析综合性案例。因为总经理是企业经营管理的领导核心，是经营管理的最高决策人。当然，总经理所在的层级也会因企业的规模不同而有所不同。比如在规模较大的企业里，总经理所扮演的角色通常只是某个分支机构的最高负责人。

但不管企业规模大小，总经理的一般职责都包含战略决策、组织架构、业务经营、合同签署、团队打造、财务管理、风险应对等。因此，总经理的角度一般适合用来分析较全面的综合性案例，以期在更高的层面获取有借鉴意义的经验。

四　案例分析的基本技巧

分析案例应掌握以下技巧。

（一）有个人的见解

要防止单纯复述或罗列案例提供的事实。要应用所学过的管理理论和知识，发现经营管理中已经出现的或潜在的问题，并对这些问题加以排列，从中抓住主要矛盾。

（二）文字表达开门见山

在案例分析中，为使论点突出，可以使用小标题；在各段落的开始，应突出该段的主题句，紧接着可以用陈述句支持主题句，层层递进，思路清晰，逻辑性强，以便他人理解和接受。

（三）提出的建议有特色

首先，提出的建议要符合具体情况，有明确的针对性，防止出现空泛的口号、模棱两可的观点及含糊不清的语句；其次，应当注意的是，现实中的管理问题可能有多种解决方法，不会有唯一答案；最后，对问题的分析要符合逻辑，所提出的观点和建议要有充分的信息支持和必要的论证，并经过合理的比较。

（四）重视方案实施的步骤和可操作性

在分析案例时，对提出的解决问题方案，我们常能指出很多优点，却忽视了可操作性，这样方案就失去了实际意义，也缺乏说服力。因此，需要对实施方案所需要具备的条件加以说明。

（五）对假设做必要的说明

案例中所给出的信息有时是不完全的，而扮演高层管理者进行决策，要以下属提供比较理想的决策条件为前提，因此，需要做一些必要的假设。对假设应做必要的说明，以便他人理解。

五 案例分析的一般过程

无论采取何种分析方法，案例分析的深度、质量在很大程度上都取决于所采取的策略和在案例分析中进入角色的程度。案例分析过程一般有下面几个步骤。

（一）彻底读懂每个案例

拿到一个案例后，我们需要进行反复阅读，才能对案例中的相关信息了然于胸。在阅读的过程中，最好对案例中的背景、主要事实及意见、面临的难题、利弊条件及重要论点等内容一一进行记录，以便下一个步骤的进行。

（二）找出联系

明确所分析的案例与已知信息的联系，并找出案例中的关键问题，以确定能应用的基本理论和分析依据。

在开始分析案例时，重视所给的提示，这可以作为思考问题的切入点；但不要局限于提示，应打开思路，独立思考，自己拟定分析的思路。最好的做法是在粗读之后、精读之前，先问自己几个基本问题，并反复思索：

（1）案例中的关键问题或主要矛盾是什么；

（2）这是一个什么类型的案例，案例与已知信息中的哪些内容有关，分析这个案例想要达到的目的是什么；

（3）除了案例提示，案例中是否还有一些隐含的重要问题。

（三）设身处地进行分析

对案例中的主要角色所面临的问题或困难进行分析是不可缺少的环节。在这个过程中至关重要的是搜集全部已知事实，而且要对事实认真分析、仔细区别、筛选分类。必须注意的是，不能仅依靠案例中所给的数据或事实来进行简单的分析，因为有一些数据及事实是表面现象，必须去伪存真，才能保证分析的正确性；也不能让案例中人物的观点来左右自己的思路，因为个人的主张往往过于偏狭，缺乏全局观念。例如，关于企业的新产品在市场上销售不力，是定价过高、广告宣传力度不够、销售渠道不够畅通，还是其他原因造成的，每个人物都会提出自己的见解。我们在进行分析时需要确定每个人物的观点是拥有充分证据的有用信息，还是缺乏根据的信口开河。

（四）察觉和判断隐含问题

找到案例中尚未明确的重要问题是把握案例实质与要点所必需的环节。这里最关键的是从与该案例相关的已知信息中去发掘，或结合实际工作中复杂多变的情况去设想可能会遇到的种种问题。此外，在分析案例时，务必进入角色，身临其境地模拟各种情景，从而发现重要的问题。

（五）概括问题

在对案例进行认真分析之后，要找出问题的症结所在，并对需要解决的问题进行概括。对问题的概括应指出关键之处和应消除的主要障碍。这一环节至关重要且具有一定的难度，它需要我们在理解问题的基础上做出一些合理的假设。要能够透过现象看本质，找出是哪个环节出了问题，造成这种问题的内在原因又是什么。

（六）选择案例分析的方法

案例分析的方法往往取决于分析者个人的偏好和案例展示的具体情况，这里介绍三种一般方法。三种方法可根据情况选用，也可综合运用。

1. 系统法

系统法将所分析的组织看成不断地把各种投入转化成产出的系统，了解该系统的各个组成部分和它们在转化过程中的相互关系，这样就能更深刻地理解有关行动，并能更清楚地找出问题和发现机会。

有时，用图表法来表现整个系统很有用。方框图有助于我们了解系统运行的整个过程，以及案例中各人物在系统中所处的地位与相互关系。各种流程图也是系统法中常用的工具。投入—产出转化过程一般可分为若干基本类型，如连续流程型、大规模生产型、批量生产型和项目生产型。生产流程的类型、特点与组织的各种职能密切相关。

2. 行为法

行为法着眼于组织中各种人员的行为与人际关系。重视人的行为是因为组织本身的存在、它的“思考”与“行为”都离不开具体的人，都要由组织中的人员的行为来实现；把投入转化为产出也是通过人来实现的。人的感知、认知、态度、个性等各种心理因素，人在群体中的表现，人与人之间的交往、沟通、冲突与协调，组织中的人与外界环境的关系，他们的价值观、行为规范与社交结构，有关的组织因素与技术因素都是行为法所关注的内容。

3. 决策法

决策法使用规范化、程序化的模型或工具来评价并确定方案。有了备选方案，还要看各种方案的关系。决策前，还应注意在某一方案实现之前，可能会发生什么事件及该事件发生的概率。

（七）对关系进行推理与逻辑判断

认真思考，找出案例中的主次关系，将其作为逻辑分析的依据，这就是通常说的“梳辫子”，即对案例提供的大量杂乱的信息进行归纳，理出条理与顺序，厘清它们之间的关系是主从关系还是并列关系，是叠加关系还是平行关系，在此基础上，将信息分出轻重缓急。

（八）提出多种决策方案

对于问题的解决，一般可以提出多种方案以供选择。例如为了提高产品的知名度，可以进行人员推销，可以采用广告宣传，也可以举办或参与一些公共关系活动。可供选择的方案越多，企业选择的余地也就越大。要学会集思广益，从不同的人、不同的意见中得到启发，来帮助自己进行判断和决策。

（九）提出决策标准

在提出多个可供选择的方案后，为了确定最终方案，有必要对选择方案时依据的标准进行明确的规定。例如，企业在制定产品的价格时，有时目标是获取高额利润；有时目标是进行市场渗透，提高市场占有率；有时目标是提高企业在市场上的知名度。究竟怎样定价，应视企业的发展目标而定。发展目标是在进行决策方案选择时必须参照的。

（十）做出决策并提出建议

为了找出可供选择的方案中解决现有问题的最佳方案，要把各个方案放在一起进行利弊对比，反复衡量和比较后再确定。要阐述选择的理由，同时指出被淘汰方案的缺陷所在。最后，对方案的计划实施提出建议。

课堂活动1-1

合作开展案例分析

（1）采用随机的方式进行分组，每组以4～6人为宜。

（2）以小组为单位分析导入案例，讨论以下问题：① 赵亚夫在开展科技创新兴农活动时，遇到了什么困难？② 赵亚夫实践成功的因素有哪些？

（3）小组派代表发言，教师总结。

六、创业成败的评价

（一）创业与从事普通职业的差异

随着越来越多的人投身创业活动，人们产生了对创业成功的高度关注。创业者创办企业和普通个体进入组织成为雇员一样，都是职业选择的结果。但是，创业是在高度不确定的情境下从事的职业活动，没有成熟的职业路径供其参考，没有成熟的组织供其融入。因此，创业者通过创业来实现自身职业发展的过程有其特殊性。与普通职业相比，创业活动具有更大的挑战性，创业行为具有更强的特殊性，因而创业与从事普通职业之间的特征差异是非常明显的，具体见表1-3。

表 1-3　创业与从事普通职业的差异

比较维度	创业	从事普通职业
驱动方式	自我驱动	组织驱动
晋升路线	处于组织中最高的职位	在组织内有清晰的晋升路线
承担风险程度	较高	较低
组织忠诚度	高	一般
工作角色	多种角色	特定角色
工作职责	多元	单一
工作自主权	大	小
工作结构化程度	较低	较高
组织支持	少	多
工作可预测性	低	高

格林豪斯等指出了创业企业员工与非创业企业员工的重要区别。例如，创业企业员工个人承担的失败风险大，对企业的承诺度高，工作结构化程度低，能够得到的组织支持比较少，工作难以预测，且需要承担多样化的工作角色。帕拉苏曼等人则认为，创业者是自己的老板，享受更多的自由，能够灵活地调整工作安排来满足家庭的需要；当然，创业成功也需要创业者压缩承担家庭责任的有效时间，将更多的时间投入创业活动。对于从事普通职业而言，员工在组织内有明确、清晰的升迁路径，与员工在组织中的职业晋升不同，创业者从创业之初就处于其创建组织的最高职位，拥有更多自我实现的机会。总之，选择创业既有积极的一面（如独立、自由度高、职业满意度高和经济收入可观），又有消极的一面（如工作时间长、压力大、责任重、风险大），但是总体来说收获大于消极结果。

（二）创业成功的标准

创业成功的标准是衡量创业成功与否的指标。由于创业与从事普通职业之间的差异，创业成功的标准与普通职业成功的标准存在一定程度的不同。对创业成功，主要可以从创业经济回报、个人满意度、社会影响力三个方面来衡量。

1. 创业经济回报

创业成功与员工在组织中的晋升不同，创业者从开始就处于其创建组织的最高职位，因此晋升难以成为衡量其成功与否的指标。不过，与普通职业成功相同，对于创业成功的衡量同样离不开经济回报。

首先，创业者是他们自己的老板，拥有和运营着企业，比普通员工享受更多的个人自由，能够灵活地调节他们的工作时间，因而对创业者的评判不应该拘泥于平时的工作表现，而是更强调工作的结果。

其次，创业者通常会将自己创办企业的成功作为职业成功的重要体现。有学者认为，创业者的创业成功应该以创办企业的绩效来衡量，还可以以其获得的经济收入和创办企业是否成功来衡量。因此，衡量新创企业的大量客观指标都被纳入衡量创业者职业成功的标准。新创企业是否成功的标准包括收入增长、市场份额、边际利润、股东财富、分红回报、雇用员工数、员工流失率等。例如，可以采用收入增长指标来测量创业成功。部分学者则以新创企业的发展和成长指标作为创业是否成功的标准。还有学者把新创企业的成长界定为总雇员数的增长，采用员工数量指标来评价新创企业发展。

2. 个人满意度

创业动机作为鼓励和引导个体为实现创业成功而行动的内在力量，可以被视为创业者通过创业活动追求的目标。在创业者的众多动机中，个人满意度是让其开始创业并且继续从事创业活动的关键动机，其次才是财富回报。虽然财务标准通常被认为是测量新创企业成功的标准之一，但是许多创业者是基于自身的成长经验创办企业的。创业者的个人满意度之所以重要，是因为如果创业者对自己的个人目标不满意，在所创企业盈利的情况下也有可能停止创业、关闭企业，终止其创业生涯。

3. 社会影响力

创业成功与普通职业成功的最大差异在于，对创业成功的评判不应仅限于个人、企业的层面，而应该将其置于社会大环境中去考量。一项以我国创业者为调查对象研究创业成功标准的课题在经济回报和心理成功维度的基础上增加了社会认可维度，提出了物质职业成功、心理职业成功、社会职业成功的三维标准。其中，社会职业成功的标准包含了社会认可、社会声誉、社会地位。部分学者也赞成将顾客满意或公众认可纳入创业成功评判的指标体系。

有研究者提炼出了十个创业成功标准要素：盈利能力、企业成长、创新、企业持续经营、创业者个人满意度、对社会的回馈和贡献、企业利益相关者满意、创业和生活的平衡、公众认可、企业产品或服务的有用性。

（三）对创业成功的测量

对创业成功的测量有助于创业者进一步加深对创业过程的理解，提高创业成功率。创业者和社会对创业成功标准的定义和具体评价会影响创业者的行为，进而影响创业活动的进程，因此测量创业成功的方法就显得十分重要。我们可以根据研究的需要分别采用客观测量法和主观测量法来测量创业成功，这两种方法的测量指标或维度也存在差异。

1. 客观测量法

客观测量法就是以新创企业绩效、经营数据等客观指标作为测量创业成功的标准的方法。关于具体采用哪种客观指标，一般存在两种选择。

其一，依据财务指标测量创业成功。这些指标来自新创企业的真实财务记录，据此能对新创企业的交易进行准确的测量。然而，并非大多数新创企业都有良好的财务记录，特别是小微企业，不同行业内新创企业的成长性也具有较大差异，还有些企业不愿意透露自身真实的财务信息，这些都可能给客观测量造成阻碍。

其二，利用二手数据，如评价机制的信用排行、社会影响力等测量创业是否成功。这些数据相对容易获得，客观性较强。但在大数据时代，海量信息处理的难度较大。

2. 主观测量法

创业成功的测量指标不仅包括经济回报等客观指标，而且包括创业者的个人满意度等主观指标。测量创业者的个人满意度等主观指标的主要方法是利用问卷、访谈等形成创业者的主观评价。问卷以量表为主，通常采用五点计分法，从“非常不满意”到“非常满意”，需要为每一个标准维度都编制若干指标项目，见表1-4、表1-5。

表1-4　创业者个人满意度的测量量表示例

标准维度	指标项目
满意度	成长满意度：“我对自己取得的进展非常满意”“我对自己能力提高的速度非常满意”等 总体工作满意度：“总体来说，我对自己的创业工作非常满意”等 生活满意度：“我对自己的生活非常满意”等 心理幸福感：体验到孤独、沮丧、冷漠等情绪的次数等
目标（价值）实现	“我已经在我的职业生涯中完成了一些有价值的事情”“我已经在我的职业生涯中做成了一些我想做的事情”“我已经在我的职业生涯中让我的职业理想（价值）实现了”“我从我的工作中获得了成就感”“通过我的创业行为，我的愿景实现了（或信仰得到了证明）”“通过创业，我有了独立、自由、自豪的感觉”等
能力成长	竞争力：“我可以胜任我的工作”“我会有效地完成我的工作”“我有能力在我的工作中表现得非常好”等 才能发挥：“我的工作使我有机会做我擅长的事”等 成长机会：“我的工作提供了很多机会来发展我的潜力”“我的工作提供了充足的个人发展空间”等 人脉社交：“我有非常广的人脉”“我可以在社会上获得他人的帮助”“我和社会有相当多的联系”“我的人际关系非常好”等
生活质量	工作-生活平衡：“我的工作和生活互相产生积极的影响”“除工作外，我有灵活的、可以支配的自由时间”“我有时间和我的家人、朋友相处”等 生活质量：“我的生活质量很高”“我生活得很舒服”“我生活的环境很理想”等
持续创业意愿	“不论发生什么，我将坚持创业”等

表 1-5 创业社会影响力的测量量表示例

标准维度	指标项目
社会地位	“我因为创业者的身份受到了尊重”“我的职业给了我社会地位”等
声誉与认可	声誉:“我这个行业的大多数人都认为我是一个杰出的人”“在这一商业领域很多人都知道我”和“我在这个行业有很好的声誉”等 认可:“其他人认可我的成就”“我的朋友欣赏我的成就”等
社会贡献	“我为社会贡献了很多”“我认为我对社会做了贡献”“我认为我可以回馈社会”等

总体来说,对指标不加任何主观评判、进行完全量化的测量非常难以实现。因此,使用主观测量法时除了创业者自己的主观评价外,还可以引入他人(如合作者、竞争者、媒体)的评价,这样可以减小创业者自己主观评价带来的偏差。

(四)新创企业成功与创业者个人成功

部分学者基于对创业的狭义理解,认为掌控企业的创建进程并使新创企业正常运营是衡量个人创业成功的重要标准,甚至将新创企业成功等同于创业者的个人成功。这种观点不仅强调了新创企业和创业者的不可割裂性,而且隐含着创业成功的结果论,即创业者创业的结果便是新创企业成功。

事实上,创业活动涉及两个相互关联的主体,即作为创业活动主体的创业者和作为生产主体的新创企业。新创企业是创业者发挥主观能动性的重要资源平台,是创业者实现创业成功的工具。创业者在资源平台建立的过程中扮演组织者和协调者的角色。而且,创业不仅是创业者实施创造的过程,更是创业者不断学习的过程。在新创企业创建、成长、壮大的过程中,其内部和外部环境的变化要求创业者进行角色转换和胜任力更新,因而新创企业的发展过程也可以被视为创业者不断成长的过程,尤其是大部分创业经验只有通过实践创业活动才能获得。创建新企业只是个人创业的结果之一,因此,新创企业成功并不能完全等同于创业者的个人成功。

基于以上分析,创业者个人成功应该根据创业者本身的成长、变化来加以界定,它比新创企业成功更广泛,更能反映创业成功的真正内涵。从广义上来说,创业者是否成功可以被视为创业者基于自身价值观、目标的内在评价,应当根据是否实现了创业者的个人价值和个人目标来界定,并根据创业者塑造自己的结果来衡量。

(五)新创企业失败与创业者个人失败

部分学者片面地将新创企业失败等同于创业者个人失败。部分学者甚至认为继续交易等同于创业成功,停止交易等同于创业失败。他们认为,应该从两个方面来看待创业失败,即创业者没有使其所创企业变成获利的组织,或者所创企业在创业的最初阶段就没有持续生存能力或者破产。创业者所创企业倒闭、清算或破产,或者创业者由于企业经营没有达到期望目标而关闭或卖掉所创企业，就被视为创业失败。

虽然新创企业失败经常导致创业者的创业生涯终结，但是新创企业失败并不意味着创业者个人失败。大多数创业者注重创业过程中的体验，而非创业活动的最终结果。因此，创业者可能实施有计划的创业退出策略，包括关闭没有负债的企业、卖掉能够自负盈亏的企业等。

创业失败作为创业过程中的重要部分，经常被认为是负面的。尤其是对于社会创业者来说，创业失败不仅仅会造成经济损失，还损害了个人的可信度和声誉。其实，创业失败只是持续创业过程中的短暂发展阶段，是创业者学习和强化自我意识的重要动力。因此，新创企业失败并不等同于创业者失败，二者既有紧密的联系，又有差异。

案例 1-5

"敲糖帮"传人的别样青春

老练地招呼客人，飞速打包快递，陈万佳作为"红糖世家"的第四代传人，已经是多家实体店铺与电商店铺的店主。他毕业于当地一所高职院校，是老师、同学眼中的"创业小明星"。

"小时候爸爸就让我推着小车，沿街叫卖。"陈万佳从小闻着红糖的味道长大，他的爷爷曾走街串巷，靠"鸡毛换糖"谋生，属于挑着货郎担、拿着拨浪鼓的"敲糖帮"成员。等陈万佳懂事了，他觉得义乌红糖产业很好、规模很大，但也有人说义乌红糖的质量参差不齐。他也亲眼见过粗壮成熟的甘蔗烂在地里时，爷爷、大伯愁眉苦脸的样子。

为了改善义乌红糖产业的发展状况、挽回义乌红糖的口碑，高考后，陈万佳毅然报考了义乌工商职业技术学院，专门学习电子商务。接受了学校创业导师的专业指导后，2020年，陈万佳开始了电商创业，开出了多家淘宝店、天猫店等电商店铺，旺季月销售额在20万元左右。2021年，他的"敲糖帮——义乌红糖复兴之路"创业项目还获得了浙江省第十五届大学生电子商务竞赛一等奖。

每年10月底到11月是收割甘蔗、制作红糖的高峰期。在陈万佳小时候，父亲就把他带去学习制糖。而对于参加"天猫双11"电商购物节，陈万佳已经是轻车熟路。"在义乌，家家户户都做红糖，都在拼低价，没有品牌化。而我一直致力于建立品牌。"陈万佳带领着"敲糖帮"申请商标，打造品牌，摆脱低质低价竞争，把从学校里学到的知识运用到实际工作中去。他还和老师傅们一起参与制定了《义乌红糖加工技术规程》，形成了古法制糖“义乌标准”；开发出糖浆过滤沉淀系统，提升了红糖品质；通过工艺改良将红糖颗粒化，大大延长了红糖保质期，提升了红糖单位克重的营养价值。

把红糖卖得红红火火之余，陈万佳还调动线下门店资源，在地方政府的指导下参与举办了红糖文化节、非遗文化旅游、制糖技艺培训等活动。红糖产业在数字经济的发展推动下走出了义乌，消费者遍布全国。“我的创业梦想不仅是获得收入，更是让越来越多的人了解和认识义乌红糖，由这一口清甜重新认识义乌。”陈万佳笑称，连自己血管里流淌的液体都是义乌红糖的味道。

（资料来源：马知遥、林光耀，高职生电商创业“敲糖帮”传人的别样青春，新华网）

课后实践活动

掌握分析创业案例的方法

活动目标：能较好地选用分析方法对创业案例进行分析，提升正确评价创业案例的能力。

活动时间：40分钟。

活动步骤：

（1）每4～6人为一组，小组确定选用哪种分析工具（建议选用SWOT分析法、PEST模型、波特“五力”模型、企业竞争资源四层次模型中的一种）。

（2）各组分别选择一个创业案例进行分析，要重点指出创业成功的关键点是什么，并完成一份分析报告（对案例中没有说明的情况可以做合理假设）。

（3）各组提交报告，教师审阅、总结。

项目二

训练创新思维

任务一　破除创新思维常见障碍

任务二　掌握创新思维

任务三　掌握创新技法

引导语

目前，我国已进入创新型国家行列，基础研究和原始创新不断加强，一些关键核心技术实现突破，战略性新兴产业发展壮大。

创新能力的关键是创新思维。创新思维是指以新颖独创的方法解决问题的思维，它可以突破常规思维的界限，从超常规甚至反常规的视角去思考问题，提出与众不同的解决方案，从而产生新颖的、独到的、有社会意义的思维成果。创新思维的水平决定了解决问题的能力水平。本项目包含创新思维常见障碍、创新思维、创新技法等相关内容。大学生是社会上最富有活力和创造性的群体，理应走在创新前列。进入新时代，我们要着力培养自己的创新思维，通过科学、合理地运用多种创新思维技法，培养多种创新思维，破除创新思维障碍。

任务一 破除创新思维常见障碍

学习目标

1. 了解创新思维常见障碍及其特点。
2. 能识别定式思维、偏见思维等创新思维常见障碍，提高破除创新思维障碍的能力。
3. 增强自省意识，提升创新自信力和创新自觉性。

导入案例

创新使工作更快乐

在创新工作室里，国家电网天津电力滨海供电公司配电抢修班班长张黎明（图2-1）同两名工程技术人员围坐在一起热烈讨论，身旁的一叠纸上画满了设计草图。这是他最新的创意——“移动共享充电桩”。原来，作为配电抢修班班长，张黎明和同事们经常开展电力志愿服务。在基层服务时，他发现近年来，随着新能源汽车的走红，居民小区里停放的新能源汽车越来越多，但不少小区的充电桩数量少，甚至没有充电桩，给居民出行造成了很大不便，也不利于低碳行动的顺利开展。

图2-1　张黎明在调试设备

张黎明认真筹划了为各小区加装充电桩的事项，却发现了新问题：一般的充电桩都是固定式的，每个充电桩只对应一个车位。如果为各个车位均安装充电桩，成本过于高昂；如果只为几个车位安装充电桩，一来只能满足少部分居民的需求，二来不便移动。针对这个问题，张黎明运用创新思维，提出了一个新设想：在设置固定充电桩的同时，为其配上可移动的充电枪。一个移动充电枪能覆盖6个车位，如果安装5个，就能覆盖30个车位。这种设计可以尽可能地满足更多居民的绿色出行需求。

“努力在创新的道路上取得更多高层次智能化成果”，这是张黎明的座右铭，也是他矢志创新、锐意进取的真实写照。

启示：

思维是一种复杂的心理现象，是大脑的一种能力。要实现创新，必须首先破除创新思维的常见障碍。张黎明面对充电桩缺失的问题，摆脱定式思维，用“移动共享充电桩”的创新设计解决了问题。

一、定式思维

定式思维是先前的活动造成的对活动的特殊的思维倾向性。定式思维对问题的解决而言既有积极的一面，又有消极的一面。从积极的一面说，在环境不变的条件下，定式思维能够让我们用已经掌握的方法迅速解决问题。但是，从消极的一面说，定式思维容易使我们产生思想上的惰性，养成做事呆板、机械、千篇一律的习惯。一旦环境发生变化，定式思维就会阻碍我们采用新方法、做出新决策，造成知识和经验的负迁移，往往会扼杀创新思维。

定式思维可分为以下三种。

（一）权威型定式思维

在思维领域，不少人习惯引证权威的观点，不加思考地以权威的是非为是非，一旦发现与权威的观点相违背的观点，就认为是错的，这就是权威型定式思维。《战国策》中有这样一个故事：有个人在集市上卖马，叫卖三日都无人问津。卖马人灵机一动，出高价请来相马大师伯乐帮忙。伯乐欣然到市，围着那马东瞧西看，连称“好马”。围观的人见伯乐称赞，竟出高价买马。故事中的买马者就是受了伯乐这个马界权威的暗示。事实上，权威也会犯错误。过分信奉权威，会对创新产生负面影响。

案例 2-1

乌鸦喝水

一只乌鸦为了喝到瓶子里的水，把小石子放进瓶子，使没装满水的瓶子里的水位得以提升，终于喝到了水，同伴们都夸它聪明。从此，这个方法在乌鸦群里代代流传，成了经典方法。为了表示对这只乌鸦的敬佩，三只小乌鸦举办了一场喝水竞赛。前两只小乌鸦采用大家公认的好办法，到处去找小石子，用小石子来提升水位。第一只用时已经很短了，第二只则比它更快，观众纷纷叫好，说还是这个办法好。轮到第三只小乌鸦时，它也飞到河边，忽然看到地下散落着麦秆，灵机一动，带回一根麦秆作为吸管喝水，结果比另外两只还要快。观众们这才想起，即使一个方法再好，也不能被它束缚住自己的思维。敢于不断打破定式思维，才能形成独属于自己的创新方法。

（二）从众型定式思维

从众型定式思维是指在认识、判断、解决问题时附和多数人的观点，人云亦云，缺乏独立思考，无主见，无创新意识的思维。

从众的一个重要原因是压力。个体因受群体的压力，往往改变初衷而采取与多数人一致的意见和行为，但其不一定认为别人的意见或行为正确。具体而言，从众的原因有以下几方面。

（1）群体因素。个体在面对一致性强的群体时，所面临的从众压力是非常大的。当群体的意见并不完全一致时，从众者的数量会明显下降。在一定范围内，个体的从众性会随着群体规模的增大而增强。

（2）刺激物。刺激物是造成从众行为的情境因素之一。人们更容易对模棱两可的刺激物做出从众反应。

（3）个体因素。个体在群体中的地位越高，越具有权威性，就越不容易屈服于从众压力。从年龄上看，儿童和青少年比成人更容易从众。

（4）知识经验。个体对刺激对象越了解，掌握的信息越多，就越不容易从众。

（三）书本型定式思维

书本型定式思维表现为对书本知识完全认同与盲从。书本知识对人所起的积极作用确实是巨大的，但书本知识也有其弱点，即滞后性。随着社会的飞速发展，只有不断更新的知识才能成为有效行动的帮助，才能推动事业的进步和发展。由于书本知识与客观现实之间存在距离，二者并不完全吻合，完全依从书本就会成为“书呆子”，陷入教条主义、本本主义。另外，创新的对象是运动的、发展变化的，人们的认识能力也在不断提高，某些知识会陈旧过时，会暴露其不足，因此，在一定的条件下，书本知识也有可能成为创新的障碍。

案例 2-2

天王星的发现

天王星为太阳系八大行星之一，是在太阳系中离太阳第七近的青色行星，几

乎横躺着围绕太阳公转。在古代，人们就熟知了水星、金星、火星、木星、土星五颗行星，与它们相比，天王星较暗，绕行速度缓慢，被当时的观测者认定为一颗恒星，当时的天文学著作也都如此记载。其实，天王星在被发现是行星之前，已经被观测了很多次，但人们都把它当作恒星看待。在1750—1769年，天文工作者勒莫尼亚曾先后12次观察到了天王星，但由于天文学的著作认定土星是太阳系最边缘的行星，太阳系的范围到土星为止，勒莫尼亚对书本知识深信不疑，所以始终不敢认定自己发现的这颗星也是太阳系的行星之一，最终把发现这颗行星的功绩拱手让给了英国天文学家赫歇尔。

二、偏见思维

偏见思维是一种片面的思维方式，只看到事物的某一点，而未深入探求事物的起源和本质。在这种思维模式下，人们倾向于对事物形成一种概括性的、固定的看法，并把这种看法推而广之，认为这类事物都具有该特征，而忽视个体差异。产生偏见思维的主要原因是有经验偏见和文化偏见。

（一）经验偏见

经验偏见是指在思维过程中盲目迷信经验，以致被经验束缚了手脚，一叶障目，自以为是，故步自封。经验有一定的好处，人类就是站在巨人的肩膀上继续前进的。如果我们拒绝吸收经验，一味我行我素，往往得不偿失。但是如果我们不考虑具体环境的变化，执着于经验，就会形成经验偏见，严重制约创新。

创新箴言

经验使人失去的东西往往超过给人带来的。

——柏拉图

案例 2-3

诗中的经验偏见

苏轼一日登门拜访王安石，看到其咏菊诗云："西风昨夜过园林，吹落黄花满地金。"苏轼觉得此句说不通，因为菊花与春花不同，能耐得住秋寒，是不会被吹落的。古诗中常用菊花的这一特性比喻历经风霜而矢志不渝的君子，如有诗云"宁可枝头抱香死，何曾吹落北风中"。苏轼认为王安石此诗有误，便续云"秋英不比春花落，说与诗人子细看"，提醒王安石要破除经验偏见，认真观察菊花和春花的差异。可后来，苏轼到黄州为官，亲见此地菊花经风落瓣，才发现原诗其实无误，自己也囿于生活经验，产生了经验偏见。

（二）文化偏见

文化偏见是对某一文化群体持有错误观点、印象的现象，可能会影响人们对该文化群体的认识。文化偏见的影响是深远的，它不仅破坏了文化生态系统的平衡，导致文化生活的倾向性越来越明显，而且阻碍了跨文化交际，影响了人们对其他群体行为的预测和与其他群体的交往方式。为了克服文化偏见，人们需要意识到刻板印象和偏见的存在，改变懒惰和简单化的思维习惯，扩大与不同文化群体的接触范围，并寻找充分的证据和例外的情况。

案例 2-4

关于《红楼梦》的文化偏见

《红楼梦》作为我国传统四大名著之一，映照出了中国人特有的"雅趣"，包含诗词、建筑、美食、园林、绘画等传统文化元素，达到了一般小说达不到的高度。但由于文化背景与语言差异，外国读者读《红楼梦》时，经常产生误会，也就形成了文化偏见。

一次，红学家吴组缃给外国留学生讲解《红楼梦》。学生听完后向他提问："吴先生，关于《红楼梦》的问题我都弄明白了，只有一个问题没弄明白：大观园里有那么多珍宝，贾宝玉和林黛玉为什么不卷包而逃呢？”这个问题就是外国留学生不了解中国古代的社会制度而产生的。

在《红楼梦》早期外文译本中，也存在不少文化差异造成的错误。例如，丫鬟袭人之名取自“花气袭人知骤暖”的诗句，但其意被解释为assails men（袭击人），这就曲解了“袭人”一词的本义。司棋之名被译为Chess（国际象棋），与我国的围棋相差甚远。这些错注、错译也是文化偏见造成的。

三、信息障碍

（一）信息障碍的概念

信息障碍是指在信息生成、传递、处理的过程中，信息不能被利用或被错误利用等导致的在一定范围内产生非预期结果的现象。

（二）导致信息障碍出现的因素

1. 信息使用价值实现过程中的因素

一般情况下，信息要经过四个阶段才能实现其使用价值：产生（或搜集）—传播—加工—使用。这四个阶段中都存在相应的信息障碍，例如传播时的语言障碍。世界上有文字的语言有2 500多种，使用人数超过1亿的有11种，语种间翻译延长了信息传播时间且增加了失真的可能性。

2. 社会因素

（1）生产力发展水平。社会生产力发展水平会导致信息障碍的产生。如生产力发展水平低，信息的社会需求不足，会影响信息产业的发展。

（2）社会心理。信息活动的主体是人，自然会受社会心理的影响。在社会系统的实践活动中，利用信息的方式和效率在很多方面取决于人们的社会心理。

（3）法律、政策。法律、政策因素造成信息障碍的情形有两种。一是没有关于信息产业的法律、政策，二是有些法律、政策不利于信息产业的发展。

（4）经济管理体制。例如，以行政命令指挥经济运行，排斥市场信息，会使信息传播严重受阻。

（5）地理。不同地区间经济、文化发展程度，交通、通信设施等方面的差异都可能形成信息障碍。

四、突破思维障碍的方法

（一）对世界充满热情

善于创新的人总是对世界充满热情。心理学研究发现，人们在孩提时代具有较强的创新思维。随着年龄的增长，人们逐渐认识了现实，感受到现实环境的约束，因此会逐渐收起锋芒，顺应社会大众的眼光和潮流。但是创新者需要保持内心的激情和童真，始终对世界充满热情。

皮格马利翁效应指出，你期待什么，你就会得到什么；你得到的不是你想要的，而是你期待的。只要充满自信地期待，相信事情会顺利进行，事情就可能会顺利进行。热情是让人在面对困难时坚持下来的精神力量，它激励和鼓舞着我们继续努力；热情能够让人精力充沛，达到废寝忘食的、忘我的境界，充分激发个人的内在潜能。因此，创新离不开热情。

创新箴言

生活从不眷顾因循守旧、满足现状者，从不等待不思进取、坐享其成者，而是将更多机遇留给善于和勇于创新的人们。

——习近平

（二）换个角度看世界

我们很多时候会对生活中常见的东西习以为常。殊不知，也许换个视角，我们就会有诸多新发现。同样的一件事情，换个角度去观察和思考，就会有不同的收获。换个角度看世界，这是一种突破、一种超越、一种创新；换个角度看世界，世界就会无限宽广。

（三）放飞想象

爱因斯坦指出，想象力比知识更重要，因为知识是有限的，而想象力囊括了世界上的一切，是知识进化的源泉。爱因斯坦之所以说想象力比知识更重要，是因为知识有相对固定的含义，想象力却没有确切的空间范围。如果我们只局限于已知的知识，就会止步不前。而在想象中，人们可以使对象以现在不可能的方式存在，呈现出在现实中不可能具备的特点，从而获得启发，使认识走向深化。唯有想象力能让人们超越已知，走向未知。

创新箴言

创新有时需要离开常走的大道，潜入森林，你肯定会发现前所未见的东西。

——贝尔

想象并不是随心所欲的。要产生好的想象，就需要注重知识的积累和扩充，不断锻炼自己的想象力。每个人都有想象力，但是个体之间的想象力差异很大。这主要是因为想象力和个体的知识结构、思维习惯有着密切关系。个体的知识越丰富，就越能够产生丰富而有意义的想象，从而激发更强的创新能力。

课后实践活动

从不同视角看世界

活动目标：激发创新意识，围绕既定主题进行从不同视角看世界的锻炼。

活动时间：30分钟。

活动步骤：

（1）每位同学分别在校园生活中选取一个场景，从不同角度（不同时间、不同地点、不同组合等）进行拍摄，至少拍摄10张照片。

（2）利用拍摄的不同视角的照片讲述一个完整的故事。

（3）同学们分别展示作品，教师点评。

任务二

掌握创新思维

学习目标

1. 了解创新思维的主要类型。
2. 掌握不同创新思维的应用方式，能根据不同的情境应用合适的创新思维。
3. 体验创新思维的应用，激发创新兴趣。

导入案例

“以柔克刚”的隔震思路

传统建筑的抗震理念是硬碰硬、“以刚克刚”，主要手段是提高构件的物理强度，但这样会导致建筑的上部结构受地震伤害更大。而目前隔震技术的核心理念是“以柔克刚”，在建筑物的下部结构和上部结构之间设置隔震装置，如橡胶隔震支座（图2–2）、阻尼器，减少传递到上部结构的地震能量，这样可以把地震的影响降低到原来的1/8到1/4。

图2–2　橡胶隔震支座

北京大兴机场是目前世界上最大的单体隔震建筑，航站楼总共使用了1 152套隔震装置，皆采用橡胶隔震支座。“以柔克刚”的技术理念极大地减轻了地震能量对建筑本身的影响。

启示：

创新思维是打破固有的思维模式，从新的角度、用新的方式得出不一样且具有创造性的结论的思维模式。传统建筑“以刚克刚”的抗震理念可能导致建筑受损更加严重，设计师转换思路，用“以柔克刚”的隔震手段实现了地震中的建筑保护，是创新思维的成功运用案例。

一、发散思维

（一）发散思维的概念

微课

什么是创新思维

发散思维是根据已有的信息，利用已有的知识、经验开展推测、想象，沿着各种不同的方向思考，产生出新的成果的思维方式。

发散思维又称辐射思维、放射思维、扩散思维，它沿着不同的角度、方向思考问题，从多方面寻找问题的答案。发散思维可以让人们在思维过程中不受任何框架的限制，充分发挥想象力，突破已知领域，从一点向四面八方想开去，把材料、知识、观念重新组合，以便从已知的领域出发去探索未知的领域，从而找出更多可能的答案、设想或解决方案。

（二）发散思维的特点

1. 流畅性

发散思维力求在尽可能短的时间内产生尽可能多的方案，流畅性反映的是发散思维的速度和数量特征。

2. 变通性

变通性是指个体要打破已有的思维框架和定式，以新视角、新观念、新途径思考问题，实现横向类比、触类旁通。变通性是发散思维的关键。

3. 独特性

独特性是指人们在发散思维过程中会做出不同寻常的反应。独特性体现了发散思维的最高目标。

4. 多感官性

发散思维不仅运用视觉和听觉，而且充分利用其他感官接收信息并进行加工。发散思维还与情感有密切联系。如果能够想办法激发兴趣，产生激情，把信息感性化，赋予信息感情色彩，就能提高发散思维的速度与效果。

案例 2-5

一个杯子引发的思考

一个杯子掉下来,碎了,这可以引发哪些思考?

(1)物理方面:杯子从高处掉下来,这是自由落体运动。杯子从多高的位置掉下来才会碎呢?

(2)化学方面:如果杯子里装着酒精,它掉进火里会产生怎样的后果?

(3)经济方面:这个杯子碎了,还要再买一个,造成了一笔不必要的支出。

(4)文学方面:别人让我难过的时候,我的心就像这只杯子一样碎了。

(5)心理方面:为什么杯子摔碎的声音会让人紧张?这是什么心理原因造成的?

(6)情感方面:这个杯子是恋人送给自己的,现在碎了,可能会造成情感风波。

(7)历史方面:有很多关于这个杯子的故事,现在它碎了,一段记忆就这样消失了。

……

(三)发散思维的类型

在开始发散前,先要确定一个出发点。可以就事物的整体进行发散,也可以就事物的某一特征或者某一局部进行发散,还可以就事物的性质和作用进行发散。具体来说,发散思维一般可分为以下类型。

1. 材料发散

材料发散是以某个物品为发散点,设想它的多种用途的思维方式。

例如:请列举粉笔的各种用途。

参考答案:写字、作为剪裁衣服用的画粉、绘画、作为棋子、作为表演道具等。

2. 功能发散

功能发散是以事物的某种功能为发散点,设想实现该功能的各种可能性的思维方式。

例如:在冬天如何御寒?

参考答案:多穿衣服、裹棉被、穿高分子发热材料制成的衣服、抱团取暖、运动、喝热水、吃热的或辣的食物、烤火、开暖气、开空调等。

3. 结构发散

结构发散是以某种事物的结构为发散点,设想利用该结构的各种可能性的思维方式。

例如:请列举出立方体结构的物体。

参考答案:工具箱、行李箱、收纳盒、收纳凳、包装盒、保鲜盒、火柴盒、车厢、集装箱、船舱、房间等。

4. 关系发散

关系发散是以某种事物为发散点，设想这种事物与其他事物的各种联系的思维方式。

例如：请列举出与学校有关的人。

参考答案：学生、家长、教师、食堂工作人员、清洁工、上级管理部门的工作人员、社会服务机构的工作人员、地方政府人员等。

5. 形态发散

形态发散是以某种事物的形态（如形状、颜色、声音、味道、气味）为发散点，设想利用这一形态的各种可能性的思维方式。

例如：请列举出铃声的用途。

参考答案：时间提醒、警告提示、回收废旧物品提示、马队和驼队经过提示等。

6. 组合发散

组合发散是以事物之间的组合为发散点，尽可能多地设想不同事物之间的不同组合，以产生的新的功能或价值的思维方式。

例如：请列举出音乐可以同哪些事物组合在一起。

参考答案：摩托车、汽车、笔、布娃娃等。

7. 方法发散

方法发散是以解决问题或制造物品的某种方法为发散点，设想利用该方法的各种可能性的思维方式。

例如：请列举出用摩擦的方法可以做哪些事情。

参考答案：生火、发声、固定、起电、磨刀、取暖、产生音乐、捆绑、包扎等。

8. 因果发散

因果发散是以某种事物发展的结果为发散点，推测造成该结果的各种原因，或以某种事物发展的起因为发散点，推测可能发生的各种结果的思维方式。

例如：请列举出语文成绩好的原因。

参考答案：勤奋、感兴趣、爱阅读、爱写作、教师重视、自己重视、同学帮助、语文易学、认为有助于就业、认为有助于写文章、认为可以让口才变好、认为有助于阅读等。

课堂活动2-1

发散思维小游戏

（1）请同学们回答，在图2-3中能数出多少个三角形。

（2）图2-4所示是两个抽象的图形，它们可以被形象地视为许多事物，如月亮、拱桥、帐篷。说出它们可以被形象化为什么事物，答案越多越好。

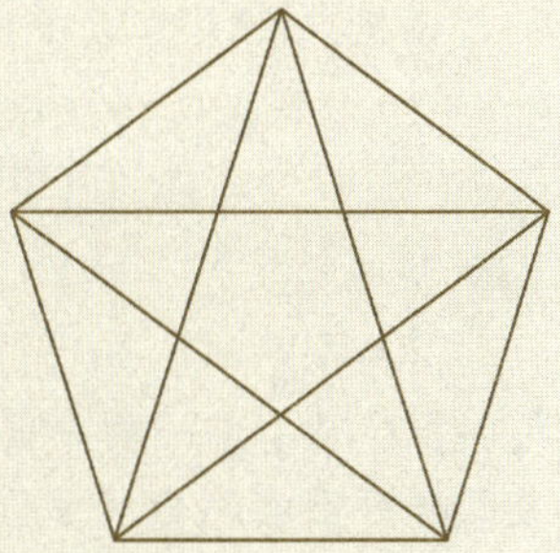

图2-3 结构示意图

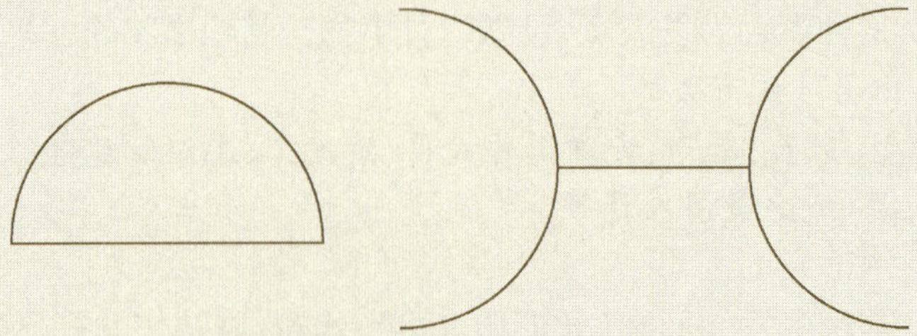

图2-4 抽象图形示意图

二 收敛思维

收敛思维又称聚合思维、聚焦思维和集中思维。它是指以某个问题为中心，运用多种方法、知识或手段，从不同的角度将思维指向某个中心点，经过比较、排除、综合分析后，找到解决方案的思维方法。

收敛思维要求在众多可能的结果中迅速做出判断，从而得出结论。运用收敛思维进行创新，首先要明确目标，认真观察，做出判断，找出其中的关键，围绕目标进行思维定向，目标越具体就越有效。如果说发散思维的思考方向是以问题为原点指向四面八方的，具有开放性，那么，收敛思维则是把发散思维的许多结果由四面八方集合起来，最终选择一个合理的答案，具有封闭性。

运用收敛思维，关键在于聚焦。通过对所收集到的各种信息进行分析，判断它们与思维目标的相关程度，以便把重要的信息保留下来，把无关或关系不大的信息淘汰。在思考问题时，有意识、有目的地让思维过程停顿，缩小领域，聚集能量，形成思维的纵向深度和强大穿透力，从而更有效地审视和判断问题，最后顺利解决问题。

课堂活动2-2

收敛思维小游戏

请同学们思考以下三个问题。

(1)教室里有哪些既发光又发热的物品？说说它们有什么共同点。

(2)有位顾客订了9块蛋糕，但要求装在4个盒子里，每个盒子里至少要装3块，应该如何包装？

(3)有金、银、铅三个盒子，其中一个盒子里有宝石。每个盒子外面都写着一句话，但其中只有一句话是真话。金盒子外写的是“宝石在金盒子里”，银盒子外写的是“宝石不在银盒子里”，铅盒子外写的是“宝石不在金盒子里”。请找出装宝石的盒子，并说说为什么。

三、形象思维

（一）形象思维的概念

形象思维是指利用直观、形象的表象解决问题的思维方法。形象思维是在对形象信息传递的客观形象体系进行感受、储存的基础上，结合主观的认识和情感（包括审美判断和科学判断等）对其进行识别，并用一定的形式、手段和工具（包括文学语言，绘画线条、色彩，音响节奏、旋律及操作工具等）创造和描述形象的思维方式。

（二）形象思维的特点

1. 形象性

形象性是形象思维最基本的特点。形象思维所反映的对象是事物的形象，思维内容是意象、直觉、想象等形象性的观念，其表达的工具和手段是能为感官所感知的图形、图像和形象的符号。

2. 非逻辑性

形象思维不像抽象思维那样一步一步、首尾相接、线性地进行信息加工，而是调用许多形象性材料，将其一下子组合在一起，形成新的形象，或由一个形象跳跃到另一个形象。它对信息的加工是平行加工，可以使思维主体迅速地从整体上把握问题。形象思维的结果有待逻辑的证明或实践的检验。

3. 粗略性

形象思维对问题的反映是粗线条的反映，对问题的把握是大体上的把握，对问题的分析是定性的或半定量的。所以，在实际的思维活动中，往往需要将形象思维与抽象思维巧妙结合、协同使用。

4. 想象性

想象是思维主体利用已有的形象在脑海中形成新形象的过程。形象思维并不满足于对已有形象的再现，它致力于追求对已有形象的加工，从而获得新形象的输出。

四、设计思维

（一）设计思维概述

设计思维是用设计者的感知和方法去满足在技术和商业策略方面都可行的、能转换为用户价值和市场机会的需求的思维方式。设计思维是一种全面的、以人为目的的、以人为本的思维。

创新箴言

设计思维是一种以人为本的创新方式，它提炼自设计师积累的方法和工具，将人的需求、技术可能性以及对商业成功的需求整合在一起。

——蒂姆·布朗

课堂活动 2-3

救人，请出招！

在一个房间内有一张桌子，桌子上有一个杯子，杯子里有看上去像水的毒药。几分钟后，会有一个人进到这个房间里，他会去喝杯子里的水。你要想办法阻止那个人喝水，且不许碰杯子或者那个人。这个人不懂中文，也不认识国际标志。你只有一根铅笔和一张纸。如果你是设计者，你会怎么做？

（二）设计思维过程的五个阶段

1. 形成同理心

要与用户产生共鸣，了解他们需要什么、想要什么，以及在现实环境中与产品互动时，他们有何感受和想法。

2. 定义问题

将通过同理心所获知的用户意图转换成更深层次的用户需求，目标是形成解决用户问题的方案。定义问题对于项目而言很重要，因为它可以引导团队着重关注特定需求。问题陈述应该具备以下特征：① 以人为本，而不是关注技术、金钱回报或产品规格；② 有足够的创意自由，不应该过于狭隘；③ 足够具体。

3. 概念生成

将所有相关的人的想法收集起来，不做任何评价和限制。该阶段鼓励的是增加想法的数量并强调想法之间的联系，体现为思维的发散，以开辟更大的问题解决空间。

4. 原型制作

原型制作阶段强调将脑海中的想法表达出来。原型可以是任何实质性的东西，比如一幅草图、一面贴满便条的墙，它是一种快速表达想法的方式。在制作原型的过程中，需要以快速且灵活的方法对原型进行试验，发现问题越早，对整个设计过程越有帮助。同时，原型制作过程可以帮助分析一个方案是否过于复杂或过于简单，范围过于宽泛或过于狭隘，从而保证快速地在不同的可能性之间进行权衡。

5. 测试

测试就是找出什么是可行的，什么是不可行的，根据反馈对原型进行修改，然后反复迭代。测试的目的是改善解决方案，将方案置于真实操作环境中，利用参数比较方案的优劣，并根据测试中出现的问题更新方案。

案例 2-6

海盗船CT机

做CT检查对成人来说是一件非常简单的事情，既不疼痛，又不会有任何不良反应。然而，对儿童来说就完全不是那么一回事了。儿童对陌生事物的恐惧是与生俱来的，在他们看来，CT机这种伴随着病痛而来的神秘机器给予他们的是未知的恐慌。

海盗船CT机让孩子们把医疗检查当成了一次游戏，以更为主动和愉快的心态积极配合医疗检查。医生在提及海盗船CT机带来的变化时说道："这里没有恐怖的海盗，而是可爱的海盗，小病人反响热烈，医院对他们来说不再那么可怕了。"

医院迫切需要解决儿童在CT检查中因对机器的恐惧而产生的不配合的问题。海盗船CT机的发明者从形象入手，首先改造了CT机的外观，将之变成海盗船的样子，作为场景中的主导形象；医院通过CT室的墙面、地面装饰构建辅助场景，搭建了相对完整而全面的场景设施。接下来，医务人员配合场景设计引导儿童一步步踏上神奇的冒险之旅。整个设计恰当地利用了"形象"与"行为"相结合的方式，成功地将原本枯燥、乏味的CT检查过程包装成一次探险之旅，不但驱散了恐惧的乌云，更使得检查的质量和效率得到了提高。

课堂活动 2-4

物品收集和改造

(1)收集以下物品：

① 你出生那年的某样东西；② 五个不同的人的字迹；③ 吃剩的部分食物；

④ 你身上的某样东西；⑤ 六样蓝色的东西；⑥ 几片不同的叶子；

⑦ 一张你自己的照片；⑧ 某样别人给你的东西；⑨ 一张地图；

⑩ 你出于兴趣收集的某样东西。

(2)对以上物品进行创意改造：

① 把茶或咖啡滴上去；② 为它创作一首可以吟唱的诗；

③ 把它和另一样你喜欢的东西组合在一起；④ 为它涂上你喜欢的颜色；

⑤ 为它加上几层硫酸纸，每层再加上一些文字；⑥ 把它改造成一个怪兽；

⑦ 把它折叠起来，剪成碎片，然后重新组合；⑧ 请教一位朋友你可以对它做

什么；

⑨ 让它看起来吓人；⑩ 把它改造成一个面具。

以照片或视频的形式记录过程，强调忠实记录，重视采用个人化、风格化的独特视觉语言。

课后实践活动

芦荟的奇妙之旅

活动目标：运用创新思维进行思考。

活动时间：30分钟。

活动步骤：

（1）请运用发散思维列出芦荟的用途，越多越好。

（2）请运用收敛思维对发散思维的成果进行筛选、完善、补充，将形成的芦荟产品推销给其他同学。

（3）同学们展示成果，教师点评。

任务三

掌握创新技法

学习目标

1. 了解常用的创新技法。
2. 能运用常用的创新技法解决实际问题。
3. 培养创新思维，养成善于使用创新技法的意识。

导入案例

“太阳锅巴”的诞生

虽然锅巴是人们在日常生活中熟悉的食品，但起初，人们对锅巴并不重视，仅仅将其视为做饭时产生的副产品，认为其“难登大雅之堂”，更没有想过对锅巴进行改造。

20世纪90年代，李照森正在西安市宝石轴承厂担任厂长。一次，李照森陪同客户用餐，发现一道以锅巴作为原料的菜肴很受欢迎。李照森心中一动：“锅巴作为菜肴的原料广受欢迎，为什么不能对其进行改良，把它做成一种方便快捷、随时可吃的小食品呢？”

李照森越想越觉得可行，索性开始了试做，没想到一做便获得了成功。他对传统的锅巴进行了改良，以大米为原料，设计出一款又薄又脆、大小适中的小包装锅巴，方便人们随时食用，并将其命名为“太阳锅巴”。没想到，“太阳锅巴”一经推出便广受欢迎，顿时成为市场中走俏的商品。

看到“太阳锅巴”的成功，李照森又转起了念头：既然做成了大米锅巴，当然还可以生产其他原料、其他风味的锅巴。他开动脑筋，广泛发散，又设计出了小米锅巴、玉米锅巴、黑米锅巴、五香锅巴、牛肉锅巴、麻辣锅巴、孜然锅巴、海味锅巴、果味锅巴、咖喱锅巴等品种，不一而足，琳琅满目。由于锅巴畅销，有类似锅巴的特征的食品也相继问世，虾条、麦圈、菠萝豆、箕子豆等风味多样的新产品给小食品市场增加了丰富多样的品种。

李照森为自己的产品申请了国家专利。太阳牌系列食品也成为当时风靡全国、跻身国际市场的名牌产品。仅一年内，西安太阳食品集团的食品销售量就高达25 000多吨，销售收入达15亿元，在当时是一个惊人的数字。对锅巴及后续一系列产品的开发使西安太阳食品集团迅速发展壮大。如今，我国餐饮业已广泛采用锅巴做菜，食品工业也在锅巴上大做文章，加工出不同形状的包装锅巴，开袋即食，锅巴成为我国民众喜闻乐见的小食品。

启示：

李照森善于运用创新思维，触类旁通。原本身为西安市宝石轴承厂厂长的他，因为一次偶然外出就餐的经历，从以锅巴作为原料的菜肴联想到将锅巴做成小食品，产品投入市场后广受欢迎。他又从锅巴小食品的成功中看到了隐藏的商机，果然获得了创业的巨大成功，造就了西安太阳食品集团的辉煌成就。锅巴是人们习以为常的食品，李照森却能由此发掘出广袤的市场，不得不承认，“太阳锅巴”的成功得益于李照森对创新思维的出色运用。创新思维不是天生就具有的，而是可以通过恰当的技法运用得以增强的。

一　思维检核表法

思维检核表法就是利用一张表对需要解决的问题一个一个地进行核查，从各个角度提出多种创意设想的方法。常见的检核表法有三种：阿诺德检核四法、奥斯本检核八法、和田检核十二法。思维检核表法告诉我们，思考问题不仅要从多个角度出发，以免受某个角度的局限，还要从问题的多个方面去思考，避免把视角固定在个别问题或一个问题的个别方面上。

（一）阿诺德检核四法

美国麻省理工学院的阿诺德独创了用于研制新产品和管理创新的检查提问法，因为其主要从四方面检查提问，所以称为“阿诺德检核四法”。阿诺德检核四法的四方面如下。

1. 增加功能

这个方面主要关注能否在现有功能外增加功能。例如，手表本是用来显示时间的，增添日历功能的表一问世销路就很好，加上显示星期几的功能后更胜一筹。电子手表进入市场后，它的多种功能对消费者产生了巨大吸引力。目前功能较齐全的智能手表有健康监测、接打电话、支付等多种功能。

2. 提高性能

这个方面主要关注能否使产品变得更完善、更安全、更便利，使产品更便于使用、保养、维修，更加经久耐用。

3. 降低成本

这个方面尤为重要，效果也最为显著。企业有必要专门制作降低成本方面的检核表发给员工。

4. 增大销量

这个方面主要关注从管理、服务、设计、计划、制造等环节考虑，能否把包装设计得更引人注意，能否按用户要求将产品出售得更便宜，能否提供样品，能否送货到家，能否增加保修期等。

（二）奥斯本检核八法

微　课

奥斯本检核八法

奥斯本检核八法是由“创造学之父”亚历克斯·奥斯本在1941年出版的创造学著作《创造性想象》中首次提出的。它是一种质疑的方法，在原有事物的基础上，通过“为什么”的提问，综合采用各种思维方式改变原有条件，从而产生关于新事物、新观念、新方案的思考。

奥斯本检核表法主要针对现有事物的特性从八个方面着手进行提问，即有无其他用途、能否借用、能否改变、能否扩大、能否缩小、能否代替、能否调整、能否颠倒。

1. 有无其他用途

这指的是现有产品有没有其他用途，能否增加用途，稍加改革后有没有其他用途，能否引入其他创造性设想，有没有可以借鉴的其他发明创造成果，有没有类似的发明。如果稍加改革可以增加现有产品的用途，或可以引入其他设想，就有可能孕育出新的事物。

2. 能否借用

这指的是现有产品领域能否引入其他领域的创造性设想，或者直接引入其他领域具有类似用途的发明；其他领域有无相似的想法，能否借鉴；过去有无类似的东西，有什么东西可供模仿，谁的东西可供模仿；对现有产品能否被引入其他创新设想。这些提问有助于使发明的广度和深度得到提高，从而形成系列发明产品。

3. 能否改变

这指的是现有产品可否做某些改变，改变后会怎么样，可否改变形状、颜色、味道、型号、模具、运动形式等。这种方法看起来很简单，却非常有效。

4. 能否扩大

这指的是现有产品能否扩大使用范围，能否添加部件、增加长度、提高强度、延长使用寿命、增加价值、加快转速。例如，钢化玻璃就是在制造玻璃的过程中加入某些防震、防碎材料制成的。

5. 能否缩小

这指的是现有产品可否被压缩、浓缩，可否微型化，可否被缩短、变窄、分割、减轻，可否变成流线型。袖珍型收音机、微型计算机、折叠伞等就是缩小的产物。

6. 能否代替

这指的是能否调整流程顺序，有无能够部分或全部代替现有产品的产品或零部件，可否采用其他型号产品，可否更改安排方式，原因与结果能否对调，能否改变日程等。

7. 能否调整

这指的是有无可以互换的成分，可否变换模式，可否变换布置、顺序，可否变换操作工序，可否变换因果关系，可否变换速度或频率，可否变换工作规范。例如，飞机诞生之初，螺旋桨被安装在头部，后来，人们将它安装到顶部，形成了直升机；喷气式飞机则把它安装在尾部。通过调整可以产生许多创造性设想。

8. 能否颠倒

反向思考在创造活动中是一种颇为常见和有用的思考方法。它关注的是对现有产品可否颠倒正负、可否颠倒正反、可否颠倒头尾、可否颠倒上下、可否颠倒位置、可否颠倒作用。例如，英国科学家法拉第把当时已被证明的“电流能产生磁”的原理颠倒过来，形成了“磁能变成电”的设想，从而创造了世界上第一台发电机。

（三）和田检核十二法

和田检核十二法又叫和田创新十二法，是许立言、张福奎在奥斯本检核八法的基础上加以改进而提出的一种创新技法。它既是对奥斯本检核八法的继承，又是一种大胆的创新。同时，这种技法更通俗易懂、简便易行，便于推广。其主要包括以下方面。

（1）加一加。如加高、加厚、加多、组合。

（2）减一减。如减轻、减少、省略。

（3）扩一扩。如放大、扩大、提高效率。

（4）变一变。如改变形状、颜色、气味、次序。

（5）缩一缩。如压缩、缩小、微型化。

（6）联一联。如考虑原因和结果有何联系、把某些事物联系起来。

（7）改一改。如改缺点、改不便之处、改不足之处。

（8）学一学。如模仿其他产品的形状、结构、方法。

（9）代一代。如用别的材料、方法代替原有的。

（10）搬一搬。将事物移作他用。

（11）反一反。思考顺序能否颠倒。

（12）定一定。为其确定界限、标准等。

（四）使用思维检核表法的注意事项

1. 不应过分拘泥于这一技法

为防止束缚自己的思维，可以将思维检核表法与其他技法配合使用，同时要经常对检核表进行改进和补充。

2. 检核的内容可做适当改变

具体使用这一技法时应灵活掌握，根据活动的主要目的、检核对象的主要特点及周围环境来设计思维检核表。

3. 思维检核表法提供的是一种思路

思维检核表法强调发明创造主体思考角度的改变，借助多角度思考产生更多思路，因此相对忽略了检核对象的客观规律。所以在解决较复杂的发明创造问题时，该方法仅能提供大概的思路，还需进一步与其他技法结合。

二、逆向思维法

（一）逆向思维法的概念

逆向思维法的思维方向与传统的、逻辑性的和群体的思维方向完全相反，表现为反传统、反常规、反顺向。从广义上说，一切与原有的思路相反的思维都可称为逆向思维。它以悖逆常规、常理或常识的方式寻找解决问题的新途径、新方法，在理论创新、技术创新、产品创新领域都有良好效果。

案例 2-7

充气灯泡的发明

爱迪生发明了灯泡，但他发明的碳丝灯泡亮度不理想，使用寿命也不长。随后，美国通用电气公司发明了钨丝灯泡，但通电后钨丝容易变脆，灯泡的使用寿命也会受到影响。能不能研究出比钨丝灯泡更好的灯泡呢？带着这个问题，美国化学家兰米尔来到了一个实验室。这个实验室里，研究人员正在攻克延长钨丝寿命的难关。研究人员告诉他，最好的方法是将灯泡内的气体全部抽出，兰米尔对此十分感兴趣，并加入了这个课题的研究。

兰米尔认为，钨丝使用寿命短的原因是灯泡内存在气体杂质。实验证实了他的猜想：在非真空环境中，经过长时间加热，灯泡玻璃的表面会慢慢释放出水蒸气，而水蒸气与钨丝发生化学反应，产生了氢气；在灯泡的接头处，一些材料加热后也会释放气体。正是这些气体导致钨丝变脆，灯泡玻璃变黑。

找到问题后，该如何解决它呢？兰米尔认为，应该采用与抽出气体相反的方法，把不同的气体充入灯泡，看看这些气体和钨丝“相处”得怎么样。他分别把氢气、氮气、氧气、二氧化碳等气体充入灯泡进行实验。结果表明，在高温下，蒸发出的钨原子遇到氮分子后又回到了钨丝上，也就是说，氮气对钨丝有保护作用。于是，功率大、寿命长的充气灯泡问世了。后来，兰米尔又以氖气代替氮气，发明了小功率的充气灯泡。

（二）逆向思维的类型

逆向思维主要分为四类，即结构逆向、功能逆向、状态逆向、原理逆向。

1. 结构逆向

结构逆向是指从已有事物的结构出发进行逆向思考，通过结构、位置的颠倒、置换等，使该事物具备新的性能。

案例 2-8

把人关进“笼子”的野生动物园

动物园自诞生以来，一直是深受人们喜爱的休闲去处。但在传统的动物园，动物均被关在狭小的笼子里，既不利于它们自由生长，又妨碍了游客和动物近距离接触。但假如去掉笼子，动物野性难驯，可能造成伤人事件，存在极大的安全隐患。后来，人们运用结构逆向思维，提出了新的设想：让动物在园中自由活动，游客则乘坐保护严密的汽车在园中游览，这样既拉近了游客与动物的距离，又保证了游客的安全。这就是把人关在“笼子”里的野生动物园。

2. 功能逆向

功能逆向是指从原有事物的功能出发进行逆向思考，以解决问题，获得创意。风力灭火器是消防员使用的一种灭火器。在一般情况下，风是增助火势的，特别是在火比较大的情况下。但在对付小股、分散的火焰时，风吹向火焰，可以使燃烧物体的表面温度迅速下降，当温度低于燃点时，燃烧就停止了。

3. 状态逆向

状态逆向是指从事物某一状态的逆向方面思考，以找出解决问题的方法。过去，木匠使用锯和刨来加工木料，木料不动而工具动，实际上是人在动，因此人的体力消耗大，产品质量也得不到保证。为了改变这种状况，人们将加工木料的状态反过来，让工具不动，木料动，从而大大提高了工作效率和工艺水平，也降低了人们的劳动强度。

4. 原理逆向

原理逆向是指从相反的方面或相反的途径对原理及其应用进行思考。伽利略曾应医生的请求设计温度计，但屡次失败。一次，他在给学生上实验课时，注意到水的温度变化引起了水的体积变化，这使他突然意识到，是不是可以反过来，让水的体积的变化体现出水的温度的变化？循着这一思路，他设计出了温度计。

正向思维与逆向思维相结合是进行创新思考的有效途径。二者的对立统一会产生良好的互补作用，从而使思路更加开阔、灵活，促进创意的产生。

课堂活动 2-5

汽车为什么不前进？

（1）王师傅将汽车发动，轮子也转了，可汽车没有前进一米，为什么？以小组为单位讨论原因，每组推选一人分享小组的想法。

（2）教师进行点评、总结。

三、强迫联想法

（一）强迫联想法的概念

强迫联想法也叫强制联想法，是强制人们运用联想思维，充分激发想象力和联想能力，提高创造性思维能力，从而产生创造性设想的方法。强迫联想法可以迫使人们将那些平常很难被联系起来的事物联系起来，从而产生思维的大跳跃，打破逻辑思维的屏障，产生新奇的设想。这是以丰富的联想为主导的思维技法，其特点是创造条件打开想象的大门，打破陈规戒律，实现由此及彼的传导，发散空间无穷。

（二）强迫联想法的类型

1. 概念联想法

培养和训练联想能力一般可以采用概念联想法来进行。心理学家曾用试验证明，任何两个概念都可以经过四个阶段的联想建立起联系。例如，木头和皮球是两个风马牛不相及的概念，但可以通过联想，使它们产生联系：木头—树林—田野—足球场—皮球。联想有广泛的基础，它为思维发散提供了无限广阔的天地。

案例 2-9

一次偶然造就的汽车雨刷

1902年某天，玛丽在出席一个商业活动的路上突遇大雨，司机看不清前面的路，不得不一次次冒雨下车，拿着抹布擦拭挡风玻璃上的雨水。就在司机加快速度

拐过一个弯时，前方出现了一个骑自行车的人，司机慌忙猛打方向盘，结果躲闪不及，撞在了一棵树上，玛丽受伤被送往医院。想到自己因此受伤住院，而且错失了一个重要的商业机会，玛丽很想解决这个问题。一天，她从邻床女孩用手绢擦泪的动作中得到启发：如果能在挡风玻璃下方安装一根杆子操纵手绢，司机在雨天看不清道路的时候，就可以操纵杆子擦拭玻璃。

玛丽为这个想法兴奋不已。出院后，她立即着手发明了一个雨刷器，并装在了自己的车上。这个发明很简单，就是把一块海绵绑在一根穿过挡风玻璃的杠杆上。雨天开车时，司机可以通过转动杠杆，用紧贴在玻璃上的海绵擦雨水。可下雨天司机本来就看不清前方，如果还用手不停地转动杠杆，更容易发生危险。于是，玛丽继续改进这种装置，又发明了带发条的转杆，可以在上一次劲后自动擦拭许多次。这个最早的雨刷装置曾被用在很多早期车型上。

2. 对比联想法

对比联想即由对某一事物的感知和回忆引起对与它具有相反特点的事物的联想，例如黑与白、大与小、水与火、黑暗与光明、温暖与寒冷。对比联想又可分为下列几种。

（1）从性质、属性的角度进行对比联想。例如，早期的圆珠笔总是在书写20 000多字后漏油，而改进后制成的笔在书写15 000多字后油就被用完了，也就避免了漏油的现象发生。

（2）从优缺点的角度进行对比联想。在从事发明设计时，既要看到优点、长处，又要想到缺点、短处。

（3）从结构颠倒的角度进行对比联想。从空间考虑，将事物前后、左右、上下、大小的结构颠倒以展开联想。例如索尼公司的工程师由大彩电出发进行对比联想，制成了薄型袖珍电视机。

（4）从物质状态变化的角度进行对比联想。看到物质从一种状态变为另一种状态时，联想与之相反的变化。例如，1799年，法国化学家摩尔沃成功地把金刚石转化为石墨。既然金刚石能够转化为石墨，那么反过来，石墨能不能转化成金刚石呢？ 2017年，复旦大学与上海大学的研究人员解决了将石墨转化为金刚石的难题。

3. 样本联想法

这种方法比较简单，只需打开产品样本或其他印刷品，随意地将某个项目、题目或某句话挑选出来，然后用同样的方法从其他产品样本或印刷品中将某个项目、题目或某句话挑选出来，将它们合二为一，即可借此意外地产生独创性的想法。

4. 列表联想法

列表联想法是事先将考虑到的所有事物依次列举出来，将其分别与一个指定的事物加以组合，由此获得独创性设想的方法。使用这个方法时只可任选组合中的一个事物，另一个事物是指定的，不能任选。

5. 焦点联想法

焦点联想法是以一个事物（即焦点）为出发点，联想其他事物并与之组合，形成新创意的方法。

课堂活动 2-6

词汇联想大比拼

（1）教师先讲解游戏规则，再说出命题词汇，如“风”。

（2）同学们根据“风”开始联想，将联想到的词汇写下来。

（3）由教师计时，看哪位同学可以联想到最多的词汇。

四 类比法

（一）类比法的概念

类比就是由两个对象具备的相同或相似的性质出发，推断它们的其他性质也有可能相同或相似的推理形式。类比法是在两个特定的事物间进行的，通过把二者的相似点联系起来产生新创意的方法。类比法的思考过程分为两个阶段：第一阶段，对两个事物进行比较；第二阶段，在比较的基础上推理，把与某个对象有关的知识或结论类推到另一个对象上。

案例 2-10

油田的发现

地质学家李四光对我国的地质结构进行了长期、深入的调查研究。他发现，松辽平原及华北平原的地质结构与中亚细亚地区的地质结构极为相似，都属于沉降带地质结构。既然中亚细亚地区蕴藏着大量石油，他推断，松辽平原及华北平原很可能也蕴藏着大量石油。后来，大庆油田、胜利油田、大港油田、华北油田等大油田相继被发现，证实了李四光的推断。

(二)类比法的类型

类比法中最典型的方法是综摄法，较为常见的引申方法有原型启发法、移植法和仿生法。

1. 综摄法

综摄法是从已知的事物出发，将不同的知识要素结合起来，从不同的角度分析未知的事物，从而使理想中的未知事物成为现实的方法。例如，人们结合多次、多方面的宇宙探索成果，综合设想出了外星生物的形象。

2. 原型启发法

原型启发法也称为垫脚石法，是通过观察找到原型，在原型的启发下产生创新设想的方法。例如，鲁班受带齿的草叶启发，以其为原型发明了锯子。

3. 移植法

移植法是将某个领域的原理、技术、手段、方法、结构或功能引入其他领域以创造新事物的方法。使用移植法时，人们不是先找到原型，而是先提出问题，然后带着问题去寻找相关的原理、技术、手段、方法、结构或功能。

4. 仿生法

仿生法是通过模拟生物的结构、功能等进行创造的方法。如人们模仿蝙蝠、海豚的声呐设计了回声定位设备，模仿海洋生物可减小阻力的流线型外形制造了轮船、导弹、鱼雷。

案例 2-11

生物冷光的仿生创新

在自然界中，许多生物都能发光，如某些软体动物、甲壳动物、昆虫和鱼类，其中最常见的就是萤火虫。萤火虫能自主发出冷光，且具有很高的发光效率。科学家研究发现，萤火虫的发光器位于腹部。这个发光器由发光层、透明层和反射层三部分组成。发光层拥有几千个发光细胞，含有荧光素和荧光酶两种物质。在荧光酶的作用下，荧光素在细胞内水分的参与下与氧化合，便发出荧光。萤火虫发光的过程实际上是把化学能转变成光能的过程。

早在20世纪40年代，人们就根据对萤火虫的研究发明了日光灯，使人类的照明光源发生了很大变化。近年来，科学家先是从萤火虫的发光器中分离出了纯荧光素，后来又分离出了荧光酶，接着，又用化学方法人工合成了荧光素。对萤火虫的仿生创新不断改变着我们的照明方式。

五 组合法

（一）组合法的概念

组合法就是对事物整体进行分解，对各元素进行重组，从而产生新功能和最优组合的方法。将各元素组合在一起的根本目的就是形成集合效应，以提供单个元素提供不了的价值，使组合的价值大于各元素的价值之和。

各种元素组合的依据与出发点各不相同，有从需求出发进行组合、从新奇效果出发进行组合、从结构的完整性出发进行组合、从功能互补出发进行组合等。但创造性的组合必须包含三个要点：一是将多个元素组合在一起；二是所有元素都要为实现同一个目标服务，互相支持、促进及补充；三是要产生新的效果。

（二）组合法的类型

1. 形态分析法

形态分析法是对事物的构成要素进行分析，列出各要素可能的全部形态，在要素分析的基础上，采取表格的形式进行方案聚合，再从中择优的方法。用公式表达，即事物M包含A、B、C三个要素，A有x种可能选择，B有y种可能选择，C有z种可能选择，则对事物M进行设计的可能方案数为$x \times y \times z$个。形态分析法常被用于专业领域的设计。

2. 信息交合法

信息交合法又称信息反应场法，即把事物的性质分解成若干要素，然后对这一事物与各种实践活动相关的用途进行要素分解，把两类信息要素分别设置成坐标系的x轴与y轴，使两轴垂直相交，构成信息反应场，一轴上的各要素可以依次与另一轴上的各要素交合，从而产生新的信息。

案例 2-12

曲别针的用途

1987年，一次以创造为主题的学术研讨会在南宁举行。这次会议集中了全国许多科学、技术、艺术等方面的杰出人才，也请来了一些外国的知名专家、学者。日本学者村上幸雄在发言时拿出一把曲别针，请大家想想曲别针都有什么用途，比一比谁的发散思维更强。与会者议论纷纷，有的说可以别胸卡、挂日历、别文件，有的说可以挂窗帘，说出了二十余种。有人问村上幸雄："你能说出多少种？"村上幸雄伸出三个指头。有人问："是三十种吗？是三百种吗？"村上幸雄微笑着说："是三千种。"随即，他对自己的发散成果进行了介绍，内容十分精彩，备受欢迎。

听完村上幸雄的发言，另一位与会学者许国泰说："幸雄先生所说的曲别针的用途可以简单地用四个字加以概括，即钩、挂、别、连。我认为曲别针的用途远远不止这些。"接着，许国泰把曲别针分解为质地、重量、长度、截面、弹性、韧性、硬度、颜色等十个要素，以此建立一个坐标系，将两条轴上的信息依次"相乘"，实现信息交合，曲别针的用途就无穷无尽了。

3. 主体附加法

主体附加法是以某一特定对象为主体，为其增添新的附件，使其性能更好、功能更强的组合法。它以一种"锦上添花"的方式改进原有事物，使其更具使用价值。主体附加法的应用在生活中随处可见，例如安装了车筐、打气筒、载物架的自行车，加了过滤网的茶杯。主体附加法是一种简单易行而又颇具成效的创新技法，有时，只要增加一个附件，就会产生意想不到的效果。

六 列举法

（一）列举法的定义

列举法是对具体事物的特定方面（如特点、优缺点）进行分析，并将其内容全部列出，以找到发明创造主题的创新技法。列举法的要点是将研究对象的属性、优缺点、希望点等罗列出来，提出改进措施，为创造性地解决问题提供了方向和思路。

（二）列举法的类型

按照列举对象的不同，列举法可以分为属性列举法、缺点列举法、希望点列举法、成对列举法和综合列举法。

1. 属性列举法

属性列举法又被称为特性列举法。它首先分门别类地将事物的属性全面罗列出来，然后对所列举的各项试用可取而代之的各种属性加以置换，形成具有独特性的方案，再进行讨论和评价，最后找出具有可行性的创意。它适用于革新具体事物，特别适合对轻工业产品的改进。

2. 缺点列举法

缺点列举法是将事物的缺点一一列举出来，然后针对发现的缺点有的放矢地进行改革，从而发明新事物的方法。

缺点列举法直接从功能、审美、经济等角度出发，研究事物的缺点，提出改进方案，简单易行。一方面，它是针对事物的缺点加以改进的，因此通常不改变事物的本质与整体，可用在对已有产品的改进上；另一方面，缺点列举法也可用在还不够成熟的新设想和新发明上，以便发现缺点，加以改进或优化，令设想和发明更完善。

3. 希望点列举法

希望点列举法是指通过列举希望新的事物具有的属性寻找新的发明目标的创新技法。这种技法从自己或他人的愿望出发，通过列举希望点形成创新想法。希望点的背后就是对问题和矛盾的解决。从实际操作的角度看，它既适用于对现有事物的改进，又适用于在有现成样板的前提下设计新产品、创造新方法等，而且在后一种情况下更有效。

4. 成对列举法

成对列举法是指列举两个不同事物的属性，对这些属性进行组合，通过相互启发发现发明目标的方法。成对列举法既利用了属性列举法的求全特点，又吸收了强迫联想法易于打破思维定式、产生奇想的优点，因此更能拓展思路，产生较好的效果。

5. 综合列举法

我们在进行创造性思考时，可以综合运用上面所说的几种列举法，这就是综合列举法。综合列举法的操作步骤如下：① 确定研究对象；② 对研究对象运用属性列举法进行分析和分解，列举各项属性；③ 运用缺点列举法和希望点列举法对属性逐项进行分析；④ 综合运用缺点列举法和希望点列举法，对事物的原有属性进行替换，综合事物的新老属性提出创造性设想。

七　头脑风暴法

微 课

头脑风暴法

（一）头脑风暴法概述

头脑风暴法是一种借助众人的智慧创造性地解决问题的方法，简单易学，应用广泛，是最负盛名的一种创新技法。

头脑风暴法简称“BS（“头脑风暴”的英文brain storm的缩写）法”，是美国BBDO广告公司的创始人奥斯本于20世纪40年代提出的。该方法就是召集少数人组织一种特殊的会议，参会者围绕某一问题快速思考、畅所欲言、相互启发、自由联想，提出各自的设想或提案，从而解决问题的方法。因为参会者需要为突击解决某一问题而闪电般地构思，所以也有人称这种会议为闪电构思会。在运用这种方法的过程中，参会者因受他人观点的刺激，往往会产生与之相关的多种创意，因此也有人称头脑风暴法为智力激励法。

头脑风暴法利用链条反应、好胜心理、质疑心理等基本心理机理避免了集体决策中易出现的群体思维的弊端，最大限度地为个人自由思考提供宽松氛围，为产生更多创造性观点提供条件。

（二）头脑风暴法的应用

虽然头脑风暴法最初是为集思广益、集体解决问题而提出的，但后来人们发现，在个人独立思考的时候，头脑风暴法依然适用且高效。大到社会问题的解决、尖端科学的创造，小到个人疑难的化解，头脑风暴法的应用十分广泛。

但该方法并非对什么问题都适用，它面向的是一些开放性的问题。是非题，认知性、记忆性的问题就不适合用头脑风暴法来解决。例如，“他是不是一个优秀的医生?”“这本书的作者是谁?”等问题就不适合应用头脑风暴法来解决。如需运用头脑风暴法，可将问题加以修改，变为“成为优秀的医生有哪些途径?”“检索作者的快速方法有哪些?”

1. 头脑风暴法的原则

为了尽可能地发挥参会者的智慧，获得最理想的方案，头脑风暴法必须遵循四个基本原则。

(1) 自由思维。参会者的一些设想可能看上去实用性不强，甚至让人觉得不实际、离谱、疯狂，但实际上许多发明恰恰是从这些设想中产生的。因此，在头脑风暴的过程中，应该为参会者营造一个宽松的环境，让每个参会者都能“脑洞大开”，将所有与主题相关的奇妙的设想都表述出来，能否应用和实践是会后再考虑的问题。况且，一个人的奇思妙想可能会给其他参会者带来灵感，激发出更加理想的设想。

案例 2-13

烤箱的改进

一家生产烤箱的公司召集全体员工召开会议，讨论新烤箱的开发问题。会上一位年长的清洁女工主动发言，提出要是能生产一种会抓老鼠的烤箱就好了。因为根据她的经验，每次烤面包时留下的面包屑总是会招来烦人的老鼠，这让她很苦恼。参会的员工听到将捕鼠与烤箱放在一起的意见，顿时哄堂大笑。但是主持人并没有对她的发言置之不理，而是将它作为一个建议抛给了各位设计师。最后，根据她的提议，公司在新设计的烤箱最下层装上了一个抽屉，用于收集掉下的面包屑，解决了面包屑招老鼠的问题。产品一上市，立即受到了广大用户的欢迎。

(2) 延迟评价。在解决问题的设想探索阶段，要遵循延迟判断这一基本原则，即在提出设想的阶段，参会者不对任一设想做任何评价，特别是不能批评。因为每个参会者的思考方式、专业领域、大脑结构都不相同，评价可能对他人思维造成限制，使其不能发掘潜在的创造性。同时，专业的判断性评价可能会造成观点的倾向性，使众说纷纭变成人云亦云，难以产生创造性的设想或方案。

活动视频

头脑风暴法

(3) 借力联想。成功者都善于借力而行，牛顿的名言“如果说我比别人看得更远些，那是因为我站在了巨人的肩上”也说明了借力的重要性。在头脑风暴会上，某一个人的“闪念”可能会点燃许多人的联想，从而衍生出更多的相关设想。头脑风暴鼓励参会者

“盗用”别人的设想，借题发挥，从一个构思联想到另一个构思，用一个灵感激发出另一个灵感，最佳的问题解决方案也许就蕴藏在对原始设想的不断修改、完善之中。

案例 2-14

头脑风暴法的成果——直升机扇雪

一场大雪后，积雪压断了高压电线，造成了巨大的损失。人们为此召开会议，以期利用集体智慧找出解决方案，参会者都是不同专业的技术人员。

在宣布会议的原则和目的后，大家便开始讨论。有人提议用线路加温器消融积雪，有人提议安装振荡器以抖掉积雪，有人提议设计一种专用的电线清雪机清除积雪，也有人幽默地提出：“能不能带上几把大扫帚，乘坐直升机清扫电线上的积雪？”各种各样的方案陆续被提出，对于乘坐直升机扫雪的设想，尽管大家心里觉得滑稽可笑，但在会议上也无人提出批评。但是，有一位工程师听到乘坐直升机扫雪的想法以后，突然产生了一种简单可行且高效率的想法。他想，每当大雪过后，出动直升机，沿积雪严重的电线飞行，依靠高速旋转的螺旋桨即可将电线上的积雪迅速扇落。于是，他马上提出用直升机扇雪的新设想，顿时又引起其他与会者的联想，有关用直升机扇雪的想法一下子又多了七八个。不到一个小时，与会的10名技术人员共提出了90多个新设想。

会后，公司组织专家对设想进行分类论证。专家们认为设计专用清雪机、采用电热或电磁振荡等方法清除电线上的积雪虽然在技术上可行，但研制费用高、周期长，一时难以见效。而乘坐直升机扫雪激发出来的设想倒是一种创新方案。如果可行，它将是一种既简单又高效的办法。现场试验结果表明，利用直升机扇雪真能奏效，一个悬而未决的难题在思想碰撞中得到了巧妙的解决。

（4）以量求质。头脑风暴法的发明人奥斯本在说明这一原则时引用的调查结果显示，设想的数量与最终产生的优秀设想的数量成正比。也就是说，头脑风暴会提出的设想越多越好，只有这样，我们才能从中获得创新性的启发或直接找到最优方案。非常有意思的是，最好的设想往往是在头脑风暴会快要结束时被提出的。据统计，会议后半期产生的好设想多达78%，因此有专家提出可以从已决定的会议结束时间起，将会议延长5分钟，这样既保证了设想的数量，又保证了设想的质量。

在实际应用中，坚守上述四项原则是头脑风暴顺利进行的基础。其他的规则可以根据具体情况来设定或改变。

2. 头脑风暴法的实施流程

（1）会议准备。会议准备包括明确会议主题，确定参会者，选择会议主持人，明确会议的时间、地点等。

参会者以5～10人为宜。参会者要对问题感兴趣且人际沟通能力良好，最好具有不同的学科背景，可以有少数本问题领域的行家或实践经验丰富的人。但即便是行家，也应尽量避免从专业角度发表评论，以免影响头脑风暴会的效果。

合适的会议主持人是头脑风暴会顺利进行的重要保障。主持人应该对会议的主题有清晰的理解，同时具备一定的组织能力，在把握会议规则的前提下，善于启发、诱导，能灵活处理会议中的突发情况，保证会议顺利进行。

（2）热身活动。这是正式进行头脑风暴前的一个预备会，以期营造一种自由、宽松的氛围。在主持人说明会议规则后，可以随便谈些有趣的话题，鼓励参会者做任何能发挥创造力的简单尝试，比如先一起玩个词语接龙游戏，使所有参会者都处于精神放松、思维活跃的状态，以更好地适应即将开始的头脑风暴。

（3）明确议题。主持人简明扼要地介绍会议主题，涉及面不宜太广，使参会者能够有的放矢地进行创造性思考。介绍时应使用有启发性的简明语言，避免介绍得太过周全，限制参会者的思维，影响创新设想的提出。

（4）提出设想。这是头脑风暴法的关键环节，参会者自由畅谈，并由他人的发言（知识、信息、情绪）激发联想，提出大量有价值的设想。在这个环节中，参会者必须严守头脑风暴法的原则，不妨碍也不评价他人发言，只对别人的设想进行补充和发挥。主持人在此环节必须充分掌握时间，安排好发言的顺序，避免发言时间不均，同时善用激发思考的多种手段，营造轻松氛围，避免头脑风暴会演变成辩论会。通常，会议延续1小时至2小时，形成的设想就会超过100个。如果意见发表不完，或经过短时间的沉淀产生了更有价值的设想，可以再次召开会议，以便充分收集各种设想。

设想的记录与设想的提出同时进行，可以设置2名记录员。记录要及时、全面，即便采用录音、录像等辅助性记录方式，笔录也不能被取代。在会后需及时整理和展示记录，以便后期对设想进行评价和选择。

（5）评价与选择。选出解决问题的最佳方案是头脑风暴法的最终目的，评价与选择也是会议的一个重要环节。通常，对设想的评价与选择不与会议在同一天进行，因为会议当天参会者还处在激动的情绪之中，或对自己的设想存在执念，不能客观评价，而经过两天左右的沉淀，参会者不仅可以冷静思考、客观判断，还存在完善已提出设想的可能性。筛选设想时应当依照一定的标准，如可行性、经济性、实用性、创新性。经过包括问题负责人在内的几个人的反复比较，确定1～3个最佳方案，这就是集体智慧的结晶。

头脑风暴法自产生以来，在世界各国反响强烈，历经研究者的探究和实践，形成了诸多变式，成为一个相对完善的创新技法群，包含635法、卡片法、角色风暴法、图画刺激法等。运用得当的话，头脑风暴法可以打开想象力的大门，让思维自由驰骋。

创新箴言

生产力有两项，一项是人，一项是工具。工具是由人创造的。

——毛泽东

八、思维导图法

（一）思维导图的概念和特征

思维导图又叫心智导图，是表达发散性思维的有效图形思维工具，它简单又有效，是一种实用性的思维工具。思维导图运用图文并重的技巧，把各级主题间的关系用相互隶属与相关的层级图表现出来，在主题关键词与图像、颜色等之间建立记忆链接。思维导图充分运用左右脑的机能，利用记忆、阅读、思维的规律，协助人们在科学与艺术、逻辑与想象等方面平衡发展，从而挖掘人类大脑的无限潜能。

英国人托尼·博赞是思维导图的发明者。进入大学后，他和众多大学生一样陷入了思维能力与学习任务严重不匹配的困境：要学的知识越来越多且越来越难，要记的笔记和要写的作业也越来越多，可是由于记忆力、理解力、创造力和问题解决能力等不能满足学习的基本要求，无论如何努力，学习成绩总是越来越糟糕。博赞前往图书馆寻求帮助，却发现没有一本教导人们如何正确有效使用大脑的书。在短暂的失望之后，他意识到这可能是一块研究空白，于是开始思索并寻找新的解决方法。

博赞认为，思维导图是发散性思维的表达，也是人类思维的自然功能的体现。思维导图有五个基本的特征（图2-5）。

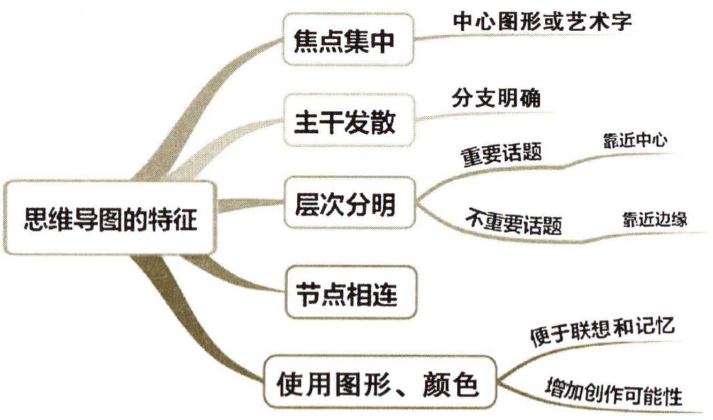

图2-5 思维导图的特征

1. 焦点集中

焦点集中是指我们在画思维导图的时候，一定要突出中心。如果我们拿到一张思维导图而一眼看不出它的中心，这张导图无疑是失败的。突出中心最常用的办法就是使用中心图形或醒目的艺术字来代替普通文本，这样可以让我们一眼就抓住思维导图的中心。就像当我们看到图2-5所示的思维导图时，一眼就可以看出这张导图是要讲思维导图的特征。这一点至关重要。

2. 主干发散

主干发散是指我们在拿到一张思维导图的时候，能够一下子找到它的主干分支，而不是一片混乱。每个分支下面都有各自的内容，条理非常清晰，这就保证了我们能够快速、高效地对思维导图进行理解、加工。

3. 层次分明

思维导图的内容并非随意发散、随意安排，而是按照知识内部的结构来进行分层的，重要的、与焦点联系密切的内容要尽量放在靠近思维导图中心的位置，而一些相对不重要的内容可以安排在思维导图边缘的位置，这样能够保证学习者很快地掌握思维导图的重点内容，以及这些内容之间的层级关系。

4. 节点相连

思维导图的内容不是孤立的，而是通过线条连接成一个整体。每一条线都代表着一条思考路径。

5. 使用图形、颜色

我们在绘制思维导图的时候，为了有效地刺激大脑，可以使用丰富的图形、颜色等。当然，图形一定要与内容紧密联系方可使用，可以不用，但不可滥用，如果用得不合适，反而是对主题内容的干扰。

大量研究证实，思维导图在记忆、理解、信息管理、思维激发、思维整理方面都有不同程度的作用，并开始呈现出越来越多的运用方式。今天，在我们学习、生活和工作的各个环节，思维导图都在展现着它无穷无尽的生命力。

（二）绘制思维导图的方法和步骤

1. 绘制思维导图的方法

思维导图就是一份帮助你掌握大脑工作原理的使用说明书，它的绘制非常简单。

绘制思维导图就是借助文字和图形，将你的想法“画”出来，这样才更容易记忆。先确定中心，再绘制出从中心发散出来的自然结构——使用线条、符号、词汇和图像表示，遵循简单、基本、自然、易被大脑接受的原则。

绘制过程中我们要使用到颜色。使用颜色可以将一长串枯燥无味的信息变成丰富多彩、便于记忆、有高度组织性的图画，符合大脑平时处理事情的方式。

绘制思维导图的工具一般为一张大一点的白纸、数支彩色水笔和铅笔。这些就是基本的工具。当然在绘制过程中，还可以加入更符合自己习惯的绘图工具，如色彩明亮的涂色笔或者钢笔。

2. 绘制思维导图的步骤

（1）从白纸的中心开始画图，周围留出足够的空白。从中心开始画图可以使你的思维向各个方向自由发散，更自由、更自然地表达你的想法。

（2）在白纸的中心用图形表达你的中心思想。图形不仅能刺激你的创意性思维、帮助你运用想象力，还能强化记忆。

(3) 尽可能多地使用各种颜色，因为颜色和图形一样能让你的大脑兴奋。颜色能给你的思维导图增添跳跃感和生命力，为你的创造性思维增添巨大的能量。此外，自由使用颜色绘画本身也非常有趣。

(4) 将中心和主要分支连接起来，然后把主要分支和二级分支连接起来，再把二级分支和三级分支连接起来，以此类推。

(5) 让思维导图的分支自然弯曲，不要画成一条直线。你的大脑会对直线感到厌烦，美丽的曲线和分支就像大树的树杈一样更能吸引眼球。

(6) 在每条线上增加一个关键词。所谓关键词是表达核心意思的字或者词，可以是名词或者动词。关键词应该是具体的、有意义的，这样才有助于回忆。

(7) 自始至终使用图形。思维导图上的每一个图形都胜过千言万语，相当于记了大量笔记。

以上是思维导图绘制的七个步骤，不过，很多技巧可以在自己绘制的过程中不断总结。可以运用想象力，不断改进思维导图。

九、六顶思考帽法

也许你有过这样的经历：在思考一件事情时，思绪变得像一团乱麻，理不清头绪；如果我们企图在同一时间做太多的事情，也会遇到这样的问题；我们需要客观理性地收集并分析资料，但是又会受自身的感觉和情绪的影响；我们在追求利益的同时还需要考虑不利的一面，既要勇往直前，又要小心谨慎。总之，人们很难在同一时刻对一个复杂问题的各个方面进行清晰、有效的思考。另外，团体中的每个人看问题的角度也不同，大家各执一词，容易引起毫无建设性的争论，难以得出一致的结论。

针对这些问题，被尊为“创新思维之父”的爱德华·德·博诺提出了著名的六顶思考帽法。这种独特的思考方法在政府、企业和个人的决策方面得到了广泛且成功的应用。

（一）六顶思考帽法概述

微课

六顶思考帽法

六顶思考帽法是一个全面思考问题的模型。它提供了“平行思考”的工具，避免将时间浪费在互相争执上。它强调“能够成为什么”，而非“本身是什么”，寻求一条向前发展的路，而不是争论谁对谁错。运用六顶思考帽法，可以使混乱的思考变得清晰，使团体中无意义的争论变成集思广益的创造，使每个人都变得富有创造性。六顶思考帽法是平行思考、创意思考的工具，也是人际沟通的操作框架，更是提高团队智商的有效方法。

六顶思考帽法是一个操作简单、经过反复验证的思维技法，它能给人以勇气和创造力，让每一次会议、每一次讨论、每一份报告、每一个决策都充满新意和生命力。这个技法能帮助我们做到：① 提出建设性的观点；② 聆听别人的观点；③ 从不同角度思考同一个问题，从而形成高效的解决方案；④ 用平行思考取代垂直思考和批判式思维；⑤ 提高团队成员的集思广益能力，为统合综效提供工具。

爱德华·德·博诺用六种颜色的思考帽来代表六种思考问题的角度，每一种颜色都会引起人们的一种联想，每一种颜色都对应着一种思考问题的角度，见表2-1。

表2-1 六顶思考帽的思考角度

思考帽	颜色联想	思考角度
白色思考帽	中性和客观	搜索并展示客观的事实和数据
红色思考帽	直觉和情绪	表达对事物的感性看法
黑色思考帽	冷静和严肃	用小心谨慎的态度指出观点的风险所在
黄色思考帽	希望和价值	用乐观、积极的态度指出观点的价值所在
绿色思考帽	活跃和生机	运用创新思维提出新观点
蓝色思考帽	理性和沉稳	组织和控制整个思考过程和其他思考帽

（二）六顶思考帽法的思考方法

1. 白色思考帽

白色思考帽与信息和数据直接相关，代表客观的事实和数字。当我们使用白色思考帽的时候，应把注意力放在信息和数据上。

白色思考帽的思考方式是一种方便的思考方式，首先需要列出我们已经掌握的信息；其次，努力找出信息的空白，检查已有的信息，收集遗漏的信息；最后通过倾听、阅读、提问获取我们需要的信息。

白色思考帽重视事实和信息，拒绝个人主观情感的参与。

2. 红色思考帽

红色思考帽允许我们肆无忌惮地表达我们的情感，讲述我们的直觉。直觉是一种复杂的判断，它往往基于对某个领域的了解和在类似领域内取得的经验，为我们的判断增加砝码；它基于过去的经验，让经验以不同角度出现在脑海里，结果可能是迸发创意、取得重大突破。

红色思考帽有三种作用：① 承认情感是思维的一部分；② 让情感得到发泄；③ 让直觉和预感发挥优势。

使用红色思考帽需要遵循四个原则：① 正确认识和运用直觉与情绪；② 不要证明或解释自己的感觉；③ 认可预感，但不只凭预感做决定；④ 尽量在30秒内做出回答，避免过度使用红色思考帽。

案例 2-15

爱因斯坦的直觉

一次，一位物理学教授把自己的一项研究成果拿给爱因斯坦看。爱因斯坦看了最后的结论，说："你这个结论有错误。"那位教授很奇怪："您还没有看我的推导过程，怎么知道我的结论有错误呢？"爱因斯坦说："正确的结论一般都很简单，而你的结论太复杂了。"教授不服气，回去重新推导了几遍，果然发现有错误。

很多成功人士都具备这种直觉。尽管它不能保证百分之百正确，但它有可能成为我们决策时的影响因素。

3. 黑色思考帽

黑色思考帽考虑的是事情的负面因素，它以否定、怀疑、悲观的看法对事物的负面因素进行逻辑判断和评估，谨慎小心地指出观点的风险所在。

黑色思考帽的要点有四个：① 进行合乎逻辑的批判；② 考察过去的经验；③ 有一定的想象力；④ 提出自己的看法。

使用黑色思考帽的难点有两个：① 避免辩论；② 避免惯性的批评。

4. 黄色思考帽

黄色思考帽将正面的、乐观的、积极的情况集中起来，饱含希望和正面思想，积极寻找事物的闪光点。它让我们追寻利益、渴望成功，指引我们的未来向更好的方向发展。

黄色思考帽包含三个要点：① 逻辑性；② 实现的条件；③ 组织外的意见。

黄色思考帽帮助我们探求优点，评估价值，分析利益，证明观点的可能性，并努力让它变得可行。当面对未来的不确定性的时候，黄色思考帽还可以为一些观点找到实施的可行性，如帮助寻求线索、预测趋势。

5. 绿色思考帽

绿色思考帽的思考方向是创意思考，提出解决方案，它能够使我们提出新的创意。在绿色思考帽下，我们可以列出各种可能的选择，既包括原有的选择，又包括新产生的选择。绿色思考帽让我们对提出的意见进行修正和改进。它的价值在于为每个人都留出专门的时间进行创意思考，培养我们的创造力，这种创造力包括大胆的创造力，也包括审慎的创造力。

6. 蓝色思考帽

蓝色思考帽的作用是对思考的指挥和控制。它的作用就是组织前五顶思考帽有机地排序并进行集体思考，同时还要经常进行总结。在会议中，有一个人要自始至终戴蓝色思考帽，安排和指挥整个思考过程，并经常对思考结果加以总结。他是组织者、指挥者和总结者。

蓝色思考帽作为主持人的帽子，被穿插运用在整个思考过程中，具体有以下八个主要用途：① 限定焦点和目的；② 制订思维计划或议程；③ 观察和评论；④ 处理对特定种类思考的需要；⑤ 指出不合适的意见；⑥ 决定下一步；⑦ 促使团队做出决策；⑧ 确定结果和总结。

蓝色思考帽的行为要点包括以下三个：① 提出问题；② 设定思考顺序；③ 记录与总结。

总之，蓝色思考帽的主要责任是缩小参会者的思考范围，把所有人的心智集中在某个点上，对某一点尽可能地深入思考，就某一点尽可能地拓宽思路。

拓展链接 2-1　六顶思考帽的思考方向

六顶思考帽可以分为三对：白色和红色、黑色和黄色、绿色和蓝色。从这两两对立的思考问题的方向出发可以把问题考虑得很周全，并且达到相互平衡的效果。六顶思考帽的思维导图（图2-6）可以更直接地帮助我们了解各顶思考帽的思考方向。

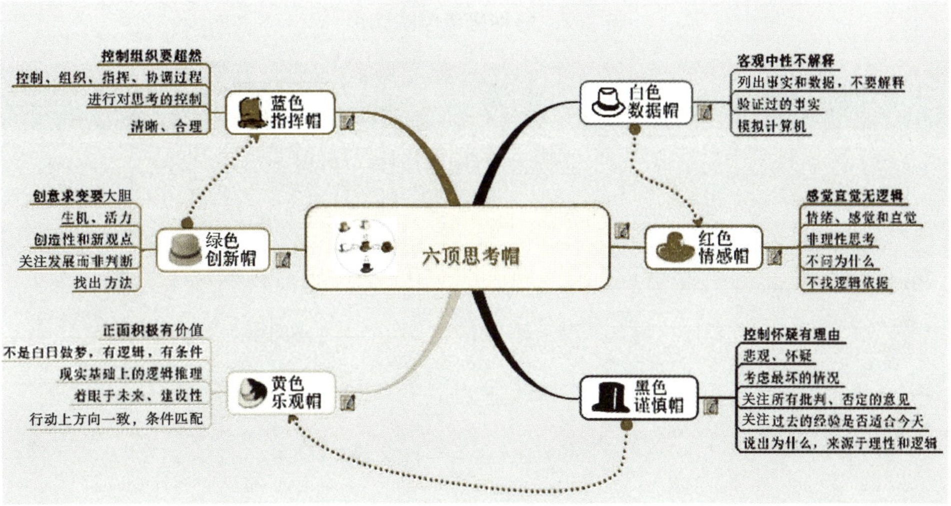

图2-6　六顶思考帽的思考方向

课堂活动 2-7

判断帽子的颜色

（1）同学们阅读以下语句：① 小明告诉我，他很焦虑；② 他的英语讲得非常好，这非常有用；③ 现在提出那条评价是不合时宜的；④ 使用安全输液工具可以降低风险；⑤ 一楼食堂的用餐价格上涨了20%。

（2）同学们分析每个语句戴的是什么颜色的帽子，并说明理由。

（三）六顶思考帽法的使用

1. 六顶思考帽法的使用规则

（1）只有戴蓝色思考帽的主持人可以决定使用什么颜色的思考帽，其他成员不允许随意更换思考帽，以免引起争论。

（2）六顶思考帽的划分不是对思考者的分类，而是对思考方式的分类。

（3）每个参会者都应该会使用所有的思考帽。

（4）在使用六顶思考帽的时候，不能提及它们的功能。

（5）每顶思考帽都有限定的时间，不能无限制地使用。

（6）思考帽可以单独使用，也可以系统使用和多次使用。

2. 六顶思考帽的单独使用

六顶思考帽可以单独使用，表2–2所示的是每种思考帽的作用。

表2–2　每种思考帽的作用

思考帽	单独使用时的作用
白色	影响决定，预先计划，解决争端
红色	探索内心，寻求突破，征求意见
黑色	避免错误，变化评估，检查可能性
黄色	探求新见解，减弱负面性，处理重大变化
绿色	寻求改进，摆脱束缚，追求创新
蓝色	探索主题，架构思维，要求结果

3. 六顶思考帽的综合使用

六顶思考帽的综合使用原则如下：① 没有绝对正确的使用序列；② 六顶思考帽在序列中可分别被多次使用或不使用；③ 需要正确使用初始序列、中间序列、结尾序列中使用的思考帽，具体见表2–3。

表2–3　初始序列、中间序列、结尾序列中使用的思考帽

思考过程	关注点	思考帽
初始序列	我们该如何解决这个问题 我们怎么看这个问题 我们有什么可用的信息 这个观点对我们有利的地方	蓝色思考帽 红色思考帽 白色思考帽 黄色思考帽

续　表

思考过程	关　注　点	思考帽
中间序列	替代方案是什么 这个观点有什么价值 这个观点有什么缺点 这个观点与我们所知道的信息是不是相符	绿色思考帽 黄色思考帽 黑色思考帽 白色思考帽
结尾序列	总结一下我们的思考 这能达到预期的结果吗 我们该如何处理这个观点 我们现在觉得如何	蓝色思考帽 黑色思考帽 绿色思考帽 红色思考帽

（注：在初始序列中要避免使用黑色思考帽和绿色思考帽）

在创意思考过程的不同阶段，可以采用不同的思考帽序列，见表2-4。

表2-4　不同阶段使用的思考帽

实施阶段	实　施　方　式
形成初步方案	黄色思考帽——思考的任务是什么 白色思考帽——关于这个任务我们都知道什么 绿色思考帽——我们能想出什么主意
进行快速评价	黄色思考帽——优点是什么 黑色思考帽——缺点是什么 蓝色思考帽——我们能总结这些优缺点吗
改　进	黑色思考帽——缺点是什么 绿色思考帽——如何克服这些缺点
形成设计	蓝色思考帽——设计任务是什么 绿色思考帽——可能的设计是什么 红色思考帽——我们如何看每种可能的设计

如在制订初步方案阶段，可以先利用蓝色思考帽弄清楚思考的任务，然后利用白色思考帽进行事实和资料的收集，最后利用绿色思考帽看看能够想出什么样的创意方案。

总之，当我们戴上白色思考帽时，只需以事实、数字等资料作为焦点，象征着中立和客观；当我们戴上红色思考帽时，只需尽情阐述我们的感觉、情绪，而不用解释理由；当我们戴上黄色思考帽时，尽量考虑事物积极、有价值的一面；当我们戴上黑色思考帽时，需要冷静、反思和谨慎，以探索“真不真实”“适不适合”；当我们戴上绿色思考帽时，需要创新、改变，以寻求变通之道；当我们戴上蓝色思考帽时，需要树立整体观，指挥其他五顶思考帽的应用。

十、TRIZ理论

（一）TRIZ理论概述

在面对复杂问题的时候，单一的专业知识往往不能满足解决问题和创意思考的需要。这是因为创造者容易被自己熟悉的方法和原有的思维方式禁锢，从而无法取得突破性的发明和创新进展。因此，人们的创意思考需要以一种有效的问题解决理论作为指导和方法论依据。

TRIZ理论即发明问题的解决理论。根里奇·阿奇舒勒是TRIZ理论之父，他提出了解决各种技术矛盾和物理矛盾的创新原理和法则，进而构建了一个由解决技术问题、实现创意思考和创新开发的各种算法组成的综合理论体系，TRIZ理论体系也随之形成了。

TRIZ理论运用跨学科的方法，帮助人们克服思维障碍，避免使用效率低下的盲目试错法，拒绝妥协和折中，直接寻求有效的问题解决方案。TRIZ理论是十分有价值的科学思考与学习工具。

相较传统的思考方法，TRIZ理论从系统中存在的内在矛盾出发，揭示了创意思考和创新的内在规律和基本原理，具有鲜明的特点和优势。TRIZ理论为人们的创意思考活动提供了直观的解决矛盾的方法和路径，帮助人们系统地分析问题和解决问题，打破原有的思维定式，突破思维障碍，加快创意思考和技术创新的进程。通过对TRIZ理论的运用，创新活动不再是随机行为，人们能够准确地锁定问题的方向，以新的视角分析问题，并根据技术演化规律预测未来的发展趋势，更快地完成发明创意的思考过程，生产创新产品。

目前，TRIZ理论和方法已在全世界得到广泛应用，推动了成千上万的发明创造和技术创新产生，并逐步形成了一个成熟的发明创造问题的解决理论体系，为众多企业和研发机构带来了巨大的经济效益和社会效益。因此，TRIZ理论也被称为“超级发明术”，这说明了它在帮助人们挖掘和开发自身创造潜能方面发挥的重要作用。

案例 2-16

鞋业公司的防盗办法

某大型鞋业公司生产知名品牌的运动鞋的分厂位于A国。在生产过程中，管理者发现少数当地工人有偷窃鞋子的行为。管理者尝试以公开警告、降薪和开除等办法来解决问题，但都没有奏效。

管理者召开会议讨论，发现造成该问题的主要矛盾是鞋子的整体生产与盗窃行为之间的矛盾。根据公司的生产需要，要在A国生产鞋子，但因为盗窃事件频发，又不能让当地工人生产鞋子。

经过分析，管理者认为可应用空间分离原理和整体与部分分离原理来解决问题，即在不改变原分厂地域位置的情况下，将鞋子由整体生产改为由不同分厂生产鞋子的不同部分。公司选择在A国生产左脚的鞋子，在附近两国另外建厂，由B国的分厂生产右脚的鞋子，C国的分厂生产鞋带。通过以上安排，工人偷鞋子的情况近乎绝迹了。

（二）TRIZ理论的核心思想

阿奇舒勒研究发现，技术系统的进化过程不是随机的，而是有客观规律可遵循的，这种规律在不同领域中反复出现。解决某一领域的技术问题的最有效的原理和方法往往来自其他领域。

根据以上发现，TRIZ理论的核心思想可以被归纳为三个方面：① 无论是简单的产品还是复杂的技术系统，其核心技术的发展都遵循客观规律，具有客观的进化规律和模式；② 各种技术难题、冲突和矛盾的不断解决是这种进化过程中的动力；③ 技术系统发展的理想状态是用尽量少的资源实现尽量多的功能。

（三）TRIZ理论的基本方法和问题解决工具

TRIZ理论体系包含众多系统的、具有可操作性的创造性思考方法和发明问题的解决工具，这些方法和工具还在不断地发展和完善。

从TRIZ理论的基本结构看，TRIZ理论的基本方法和问题解决工具涉及以下六个方面的内容。

1. 技术系统进化法则

它包括提高理想度法则、完备性法则、能量传递法则、协调性法则、子系统的不均衡进化法则、向超系统进化法则、动态性和可控性进化法则。

2. 矛盾及其解决原理

阿奇舒勒将矛盾分为三类，即物理矛盾、技术矛盾和管理矛盾，其中管理矛盾不属于TRIZ理论研究的范畴。

3. 物质–场模型分析

它主要用于建立与已存在的系统或新技术系统的问题相联系的功能模型，是TRIZ理论中一种常用的分析工具。

4. 76个标准解法

TRIZ理论的76个标准解法主要用于解决技术系统进化模式的标准问题，并建议通过某种系统变换来解决存在的问题。

5. 发明问题解决算法

它采用一套完整的逻辑步骤将初始问题程式化，是解决发明问题的完整算法，也是

TRIZ理论的一种主要工具。

6. 科学效应和现象知识库

它是一种基于物理、化学、几何学等学科的问题解决工具，为相关领域的发明创造和技术创新提供丰富的方案来源，对发明问题的解决有着巨大作用。

课堂活动2-8

用TRIZ理论解决问题

(1)采用随机的方式进行分组，每组以4～6人为宜。

(2)以小组为单位，思考以下两个问题如何解决较好：① 古埃及人修金字塔时，怎样让金字塔的地基保持水平？② 在家庭装修中，怎样让厨房墙面上的两块瓷砖高度相等？

(3)小组派代表发言，教师做总结。

课后实践活动

新组合，新创想

活动目标：通过组合法训练游戏掌握创新技法。

活动时间：20分钟。

活动步骤：

表2-5的两栏中各有六种物品。采用随机指定的方法确定组合方式，以激发新的创想。

表2-5 物品列表

第一栏	第二栏
讲台	书架
桌子	眼镜
水杯	钟表
风扇	电灯
粉笔	椅子
订书机	开关

项目三

提升创业素养

任务一 涵养创业精神

任务二 了解创业潜质与能力

任务三 提升职业素养

引导语

我们常常羡慕他人的创业成功，惊叹他人的创业成就，仿佛他们是矗立在自己面前的一座不可企及的高山，只能仰视，无法比肩。但当我们循着成功创业者的足迹去探究其成功的奥秘时，就会惊奇地发现，神秘的面纱下掩藏的是具有共性的创业素养。成功的大门始终为坚持提升创业素养的创业者而敞开。

创业素养是综合的、多元的，而且每一项都很重要，缺少一项，就可能会影响创业的开展。各行各业杰出人才的基本素养其实都是相通的。对大学生来说，即使将来不去创办企业，也应该具备良好的创业素养，因为在工作岗位上创新工作、开创事业同样需要这些素养。

这些素养是可以通过后天的学习和培养得到提高的。大家如果能够从现在做起，时时惕厉，培养自己的创业素养，将来不论干什么，都能获得满意的回报。

任务一

涵养创业精神

学习目标

1. 了解创业精神的内涵和基本特征。
2. 能评估自己是否具备创业精神，以及在哪些方面需要提升。
3. 正确理解创业精神，增强创业精神。

导入案例

“苜玉春丰”：打造饲草种植新模式

进入新时代，我国人民生活水平不断提高，对肉蛋奶的需求增加。然而目前，我国优质饲草依然比较缺乏，饲料安全面临风险。虽然近年来国家陆续出台政策，鼓励优质饲草发展，但商品草种植面积增长缓慢，我国优质饲草缺口将于2025年增至6 650万吨，提高我国饲草供应能力是保障粮食安全的关键措施之一。

针对这样的背景，中国国际大学生创新大赛（2023）国赛金奖得主“苜玉春丰”团队经调研，总结出了三大限制饲草产业发展的共性“痛点”：雨热同季气候条件限制、种植模式单一、技术水平低。“苜玉春丰”团队瞄准了紫花苜蓿。紫花苜蓿是多年生优质蛋白饲草，有“饲草之王”的美称，其年干草产量达10～18吨/公顷，可固氮140～240千克/公顷，蛋白产量是大豆的2倍，高产利用年限达4～7年，是反刍家畜，尤其是奶牛养殖中不可或缺的饲草。“苜玉春丰”团队首创紫花苜蓿田夏季套作青贮玉米技术，在春季收获高产高质苜蓿干草，夏季套作玉米，可以有效规避苜蓿的雨季收获风险，突破了气候条件的束缚；玉米可灵活利用籽粒或全株青贮，兼顾主粮作物生产，拓展苜蓿种植范围。基于此，“苜玉春丰”团队又因地制宜，为立地条件不同的地区开发了不同的种植模式，形成了技术规程并实现全程机械化。

该技术将土地利用效率提高了27%，使产量品质显著提升，与种植粮食作物相比，肥、水消耗降低48%～58.2%，并能有效改良土壤，使固沙量提高3.8倍。

在技术成果的支持下，"苜玉春丰"团队还提供种植方案制订、技术咨询、培训交流、农资销售、机械租赁等服务，以向规模化种养企业提供服务取得盈利，并以"科技小院"的模式为广大农户提供志愿技术服务和质优价廉的配套农资产品，助农惠农，振兴乡村。

启示：

创业精神往往体现在注重环境发展变化的趋势，特别是尚未被人们注意到的趋势，并据此有针对性地进行创新上。"苜玉春丰"团队关注到我国牧草领域面临的问题，并采取技术手段解决这一问题，取得了创业的成功。

一 创业精神的内涵

创业精神是在创业实践活动中起动力和核心作用的意识倾向，它支配着创业者对创业实践活动的态度和行为，决定了创业行为的方向和强度。经济学家约瑟夫·熊彼特认为创业精神是一种"创造性的破坏力量"，创业者采用新组合，使旧产业被淘汰，原有的经营方式被新的经营方式替代。

创业精神是个人或群体通过努力整合资源，以创新性和独特的方式把握机会、创造价值和谋求发展的精神。创业精神体现了个人对待工作、生活的态度，表现为勇于创新、积极进取、敢于冒险，通过整合资源、发掘机会创造价值、谋求发展等。创业精神是创业的动力和支柱。

创业精神是在多种精神特质的综合作用下形成的，包括创新精神、冒险精神、合作精神、执着精神等。

1. 创新精神是创业精神的灵魂

创业活动中的创新包括生产新产品、采用新技术、开辟新市场、控制原材料供应的新来源、采用新的商业模式等。创新精神被认为是创业精神的具体化。没有创新的创业是不可能持久的，创业者只有具备创新精神，才能创建新颖独特的企业，并保证企业具有特色和可持续发展。

2. 冒险精神体现了创业精神的特质

创业往往具有一定程度的冒险性。没有甘冒风险和承担风险的魄力，就很难成为一名合格的创业者。无数创业者的经历表明，创业者虽然生长环境、成长背景和创业机缘各不相同，但无一例外都是在诸多不确定性因素条件下敢为人先、敢于承担的实践者。

3. 合作精神是创业精神的精华

社会的发展伴随着分工的细化，创业需要创业团队成员分工协作，共同完成任务。优秀的创业者善于合作。为了实现共同的目标，大家精诚合作、团结一心，面对困难时也能同舟共济、奋力拼搏。

4. 执着精神体现了创业精神的本色

创业环境错综复杂、瞬息万变，创业的过程中必然伴随着各种艰辛与曲折。因此，创业者必须坚持不懈、持之以恒，“咬定青山不放松”。实践证明，执着的连续创业者更易于在创业大潮中生存下来。

拓展链接 3-1 “温州精神”

一提到温州人，大家首先想到的可能就是温州人特别会做生意。很多温州人白手起家、艰苦奋斗、不等不靠、善于创新，他们的这种精神被誉为“温州精神”，包括以下方面。

1. 吃苦精神

“白天当老板，晚上睡地板”，这是温州创业者的真实写照。温州创业者为实现创业成功，往往做到“四千”：“走遍千山万水，历尽千辛万苦，说尽千言万语，想出千方百计。”这体现了温州人吃苦耐劳、奋力创业的精神风貌。

2. 冒险精神

“敢为人先，敢冒风险”是温州创业者鲜明的标志。温州创业者敢于冒险，不看权威人士说过没有，也不看别人做过没有，只看实践中需不需要做、能不能做得成。正是有了这种冒险精神，才有了遍布全国各地的温州商城和温州商人。数十万名温州创业者还漂洋过海做生意，足迹遍及全球。

3. 创新精神

不断创新是温州创业者的精神品格。我国改革开放过程中出现的许多新事物，如金融浮动利率、股份合作经济都是由温州人“吃第一口”“迈第一步”后再推向全国的。温州发展市场经济所形成的许多先发优势，也是温州创业者“敢为天下先”而取得的。

4. 踏实精神

温州创业者不但勤劳，而且做事踏实、行动力强。温州创业者崇尚实干，既“仰望星空”，又“脚踏实地”，敢想肯干。

课堂活动 3-1

创业精神测试

你适合创业吗？请填写表3-1，如果你的回答是“一直如此”，给自己5分，“不确定”或“偶尔”给自己3分，“从来不是”给自己1分。

表3-1 创业精神测试表

序号	问　题	得　分
1	我很少受别人的评价或看法的影响	
2	我对自己很满意	
3	我希望自己安排自己的生活,而不是让别人告诉我该怎么办	
4	我努力尝试实现自己的梦想	
5	我认真花时间思考自己想要成为什么样的人	
6	我知道我有很大的潜力,我对自己有信心	
7	遇到挫折时,我可以很快再振作起来	
8	无论年纪多大,我都认为自己永远有机会	
9	我时常从书本中学习新的知识和技能	
10	我擅长和别人合作	
11	我愿意听取不同的意见	
12	即使在很不乐观的情况下,我依然能保持头脑清醒	
13	我习惯很快做决定	
14	我不容易放弃	
15	在有压力的时候,我仍然相信自己	
16	我喜欢订立目标,然后全力以赴,努力达成	
17	我的生活很有条理	
18	我很真诚、谦虚	
19	我做事脚踏实地,从不妄想一步登天	
20	我对家人及朋友非常忠诚,全力保持和他们的良好关系	

评分说明:

80分及以上:你的信心指数令人满意,你非常适合创业,并相对容易成功。不过有一点要注意,再自信、再聪明的人也不能保证不犯错误,不要忽略潜在的风险。

40～79分:你有很大的提升空间。要注意增强自信心,这样才能为创业创造更大优势。

39分及以下:你现在可能还不太适合创业,多积累经验、提升自己,当你的信心指数有所提高以后再创业,就会顺利很多。

二、创业精神的基本特征

（一）综合性

创业精神是多种精神特质综合作用而形成的。创新精神、冒险精神、合作精神、执着精神都是构成创业精神的精神特质。

（二）整体性

创业精神是由哲学层次的创业思想和创业观念、心理学层次的创业个性和创业意志、行为学层次的创业作风和创业品质所构成的整体，缺少其中任何一个层次，都无法形成创业精神。

（三）先进性

创业精神的最终体现就是开创前无古人的事业。创业精神具有超越历史的先进性，体现为想前人之不敢想，做前人之不敢做。

（四）时代性

不同时代的人们面临着不同的物质生活条件和精神生活条件，形成创业精神的物质基础和精神支撑各不相同，创业精神的具体内涵也不相同。

案例 3-1

“净解之材”：助力 实现“双碳”目标的国内顶尖可降解技术

2022年8月，国家发展和改革委员会召开全国塑料污染治理工作会议，提出要科学稳妥推进源头减量替代，大力推进塑料规范回收、利用和处置。“净解之材”团队积极响应国家号召，秉承可持续发展的低碳循环经济理念，自主研发新型生物降解材料改性技术，生产出农用生物降解地膜、外包装等三十余种生物降解材料产品。相较于市面上现有的生物降解材料，“净解之材”以秸秆、竹粉等农业废弃生物质作为原料，产品的拉伸强度、断裂伸长率、降解可控性等均显著增强，并实现了成本大幅度降低。“净解之材”团队不但荣获第十三届“挑战杯”中国大学生创业计划竞赛国家级金奖、中国国际大学生创新大赛（2023）国赛金奖，而且已与美团买菜达成深度合作，目前收入已突破1 300万元，累计助农5 000余户，带动农民增收超6 500万元。

三、大学生培育创业精神的途径

（一）积极认识接受创新创业教育的重要性

高职院校大多十分注重创新精神的培养，普遍开设创新创业教育课程，并在日常教学中渗透创业精神的培养，以帮助大学生树立必要的创业意识。我们在大学一年级时可以自觉培养创业意识，充分领略创业的时代特征和创新精神，形成积极向上的创业观，还可以通过积极参加第二课堂的学习或参加创新创业社团来深化对创业精神的理解；二、三年级时可以自觉锻炼创业意志，包括培养较强的责任意识、抗压能力等，从而能够在未来的创业过程中以平和的心态面对各种挫折和困难，培养开展创业实践活动的素质和能力，提高创业的成功率。

（二）在日常学习中感悟创业精神

为了提高大学生创业精神培养的实效性，高职院校大多逐步完善了培养创业精神的课程体系，并逐步推进专创融合。我们要善于从不同类型课程的日常学习中领悟创新创业的真谛，比如，在思想政治课程的学习中形成创业所必需的意志、品质和创业意识，在市场营销课程的学习中培养领导能力、团队合作能力，学习创新思维方法等。

（三）参与创新创业校园文化活动

可以积极参与创新创业校园文化活动，例如创业者校友联谊会、创业者协会、校园技能文化节，获得更多与成功创业者交流的机会，增强创新创业的勇气与信心。还可以主动参加学校定期组织的与项目指导教师之间的交流，结合自身情况选择参加创新创业比赛，以获取更多交流经验、展示成果、共享资源的机会，感受创新创业文化。

（四）用好校内外创业平台

创业精神的培养需要以必要的实践活动作为载体才能取得实效，我们可以利用学校、企业、社会提供创业的环境和平台，参与创业实践活动，在创业实践过程中锻炼创业所必需的能力，体会创业的艰辛，养成创业所必需的坚强意志，强化创业精神，为今后的成功创业打下坚实基础。

课后实践活动

分析创业故事

活动目标：了解创业精神的内涵及其对创业成功的重要作用。

活动时间：1小时。

活动步骤：

（1）每5～10人为一组，选取具有代表性的创业故事进行深入分析，总结创业者应该具备怎样的创业精神，创业成功过程中的决定性因素有哪些，并以PPT形式进行展示。

（2）教师点评。

任务二 了解创业潜质与能力

学习目标

1. 了解创业潜质与能力的内容。
2. 能评估自身的创业潜质与能力，掌握创业能力的培养途径。
3. 正确认识自己的创业潜质与能力。

导入案例

昔日农村“打工妹”，今日致富“领头羊”

王金美出生于20世纪70年代，原本是南京江宁湖熟街道河庄村的村民。王金美从小就有远大的志向，为了实现个人发展，她离开乡村到城里打工，成了一名“打工妹”。

2013年7月，她毅然返乡，流转了村民的100亩土地，种植瓜果、蔬菜，办起了“金美农场”。她秉持绿色环保理念，坚持全链条绿色环保：改良土壤，不采用有质量问题的种子；把住肥料关，施用农家肥；采取物理治虫法，使果蔬从生长管理到采摘全程天然无污染，确保广大市民吃上安全放心的蔬菜。金美农场生产的奶油南瓜、玉香冬瓜、黄瓜、番茄等绿色蔬菜受到消费者的欢迎，广受好评。金美农场被一些机关单位、大酒店定为定点食材采购单位，还曾被南京青奥会指定为果蔬供应商。实现自家致富后，王金美并没有满足，而是想带领村民一起致富。她允许村民利用农闲时间来农场做工，对于家庭困难的人员，还会优先照顾聘用。此外，她还定期为附近的残疾人学校捐赠自产的瓜果、蔬菜。王金美的名气越来越大，先后被评为江宁区“乡村振兴新农人”和“南京市创业明星”。

农场的蔬菜种植业渐渐稳定下来后，王金美又开始转向新的领域。她先后到福建、云南等以兰花种植创造了极大经济效益的地方考察学习，立志要在家乡打造一个集生态农业、兰花观赏、兰花文化旅游、兰花科普教育于一体的新型农业产业基地。2018年，她开始种植兰花。凭借以往做花卉生意的经验，在中山植物园和南京市兰花协会专家的指导下，她从零开始建起了数千平方米的花房，精细化种植、管理，洒下无数汗水。如今，走进王金美的兰花种植培育基地，上万盆兰花很是壮观，小家碧玉的春兰、沁人肺腑的四季兰、清新飘逸的寒兰、造型奇特的兜兰，争奇斗艳、芬芳四溢。她的兰花基地吸引了四面八方的游客前来观赏，在享受缤纷视觉体验的同时感受兰花文化。如今，王金美又学会了利用现代新媒体做宣传，在她的兰花基地现场搞起了直播，她亲自上阵讲解兰花知识，吸引了全国各地的众多粉丝。

历经整整20年的艰苦奋斗，金美农场克服重重困难，发展成集有机蔬菜生产、科普教育、休闲旅游、定制农业、菜品配送等业态于一体的生态园，土地面积扩大到350亩，年产量2 000吨，每年蔬菜销售额在500万元以上，王金美也成为乡亲们劳动致富的"领头羊"。

（资料来源：二十年艰苦创业，昔日"打工妹"返乡成为致富"领头羊"，新华网）

启示：

从一名平凡的"打工妹"到今天带领广大乡亲致富的"领头羊"，王金美的创业成功与她吃苦耐劳、敢于冒险的精神和突出的创业能力分不开。创业能力对创业能否成功起着关键性作用，积极培养创业能力，我们才能在未来的创业实践中立于不败之地。

一、创业者要具备的创业潜质

在创业过程中，我们应该着力培养以下几方面的创业潜质。

（一）资源潜质

创业需要具备方方面面的资源，包括信息资源、人力资源、财力资源、物力资源等，这些都是企业发展不可或缺的基石。在此基础上，我们还要对有限的资源进行整合，这样才能确保企业不断发展。

（二）营销潜质

营利是创业最基本也是最重要的目的。对于从事企业经营的创业者而言，最重要的事情是把自己的产品卖出去，因此，市场营销对其事业的成功是非常重要的。在企业发展的不同阶段，需要采用相应的营销策略，以产品营销带动企业良性发展。

（三）管理潜质

要想企业有序运作下去，仅凭一两个人的力量是难以做到的。所以，创业者必须学习一定的管理知识，并将这些知识运用到日常的管理实践中去，自觉运用科学管理的原则和方法去认识、分析和解决管理问题，成为优秀的管理者。

微课

了解常见的双创大赛

（四）风险潜质

创业是一种冒险，是一种风险很大的社会实践活动。不少创业者一开始并没有做好创业的心理准备，就贸然踏上这条艰险之路，结果遇到一点危机就半途而废了。我们在任何时候都不能忘记危机的存在，不能忘记进取和创新。

（五）形象潜质

创业是一个长期的过程，也是一个由小到大、由弱到强的过程。所以，为了确保企业能够得到长足的发展，在经济效益得到满足的情况下，应尽可能地创造社会效益，具备一定的企业形象意识，注重树立良好的企业形象。

（六）学习潜质

做任何事仅有激情都是不够的，还要有不断学习新知识、新经验、新技能，弥补自身不足，提高自身水平的强烈意识。要不断完善自己，永无止境。

（七）竞争潜质

没有竞争就没有发展，没有竞争就没有进步，没有竞争就没有优胜劣汰。我们必须认识到竞争的意义，勇于竞争、善于竞争。

（八）责任潜质

我们要将责任感根植于内心，形成强烈的责任意识。在日常行为和工作中，责任意识会使创业者表现得更加卓越。责任感是一种自觉主动地做好分内分外一切有益事情的倾向。人只有有了责任感，才会具有勇往直前的不竭动力。

课堂活动 3-2

自测创业潜质

（1）请根据所学内容并结合自身情况，客观地在表3-2中为自身的创业潜质评分，10分为最高分，0分为最低分。

表3-2　自测创业潜质

潜质	评分										
创业潜质	0	1	2	3	4	5	6	7	8	9	10
资源潜质											

续　表

潜　质	评				分					
创业潜质	0	1	2	3	4	5	6	7	8	9	10
营销潜质											
管理潜质											
风险潜质											
形象潜质											
学习潜质											
竞争潜质											
责任潜质											

(2) 请同学们根据自身各项创业潜质的分值，思考如何增强自身分值偏低的创业潜质。

二、创业者所需的创业能力

创业能力是创业者取得创业成功的保证。在市场经济条件下，企业之间的竞争是非常激烈的。作为创业者，不能只凭一时热情，认为别人能创业成功，自己也一定能成功，一定要有针对性地培养创业能力。

(一)决策能力

决策能力是指创业者根据主客观条件，因地制宜确定创业的发展方向、目标、战略，以及具体选择实施方案的能力。决策能力是一个人综合能力的体现，创业者首先要成为一个决策者。

创业者的决策能力通常包括分析能力、判断能力。大学生要创业，首先要选择最适合发挥自己的特长与优势的创业方向、途径和方法。在创业过程中，要从错综复杂的现象中发现事物的本质，找出存在的真正问题，分析原因，从而正确处理问题。判断能力是指从客观事物的发展变化中找出因果关系，并善于由此把握事物的发展方向的能力。分析是判断的前提，判断是分析的目的，良好的决策能力是良好的分析能力和判断能力的总和。

(二)经营管理能力

经营管理能力是指对人员、资金的管理能力。它涉及人员的选择、使用、组合和优化，也涉及资金的筹集、核算、分配、使用和流动。经营管理能力是一种较高层次的综合能力。

经营管理能力的形成要从学会经营、学会管理、学会用人、学会理财几个方面去努力。

（三）专业技术能力

专业技术能力是指掌握和运用专业知识进行专业生产的能力。专业技术能力的形成具有很强的实践性。许多专业知识和专业技巧要在实践中摸索，逐步发展、完善。创业者要重视创业过程中专业技术知识的积累和职业技能的训练。对于书本上介绍过的知识，在加深理解的基础上予以提高、拓宽；对于书本上没有介绍过的知识要主动探索，在探索的过程中详细记录，认真分析，进行总结、归纳，形成自己的特色经验。只有这样，专业技术能力才会不断提高。

（四）交往协调能力

交往协调能力是指妥善地处理与公众（政府部门、新闻媒体、客户等）之间的关系，以及协调下属各部门、各成员之间关系的能力。创业者应该妥当地处理与外界的关系，尤其要争取政府部门的支持与理解。同时，要团结一切可以团结的力量，求同存异，共同协调发展，做到不失原则、灵活有度，巧妙地将原则性和灵活性结合起来。创业者只有处理好各方面的关系，才能建立一个有利于自己创业的和谐环境，为成功创业打好基础。

（五）创新能力

创新是知识经济的主旋律，是企业化解外界风险和取得竞争优势的有效途径。创新能力是创业能力的重要组成部分，它包括两方面的含义：一是大脑活动的能力，即创造性思维、创造性想象、独立性思维和捕捉灵感的能力；二是创新实践能力，即在创新活动中完成创新任务的具体工作的能力。创新能力是一种综合能力，与人们的知识、技能、经验、心态等有着密切的关系。具有广博的知识、扎实的专业基础、熟练的专业技能、丰富的实践经验、良好的心态的人容易养成创新能力。

（六）商业洞察力

商业洞察力是指深入认识事物或问题的能力，是人们对个人认知、情感、行为的动机及其相互关系的透彻分析。在商业社会中，要谋求发展，必须有极强的发现新兴事物、发现现有事物发展方向的能力。当今社会，创业者的敏感性，尤其是对商业机会的快速反应能力显得尤为重要。

案例 3-2

“九妹”的创业之路

甘有琴（图3-1）是广西壮族自治区灵山县的一名普通农家妇女。她出生在一个贫困的农村家庭，由于家境贫寒，只得辍学去广东东莞打工。经过几年的辛勤工作，甘有琴终于攒够了一定的积蓄，她开始寻求新的工作机会。经过一番努力，她找到了一份销售衣服的工作，凭借在制衣厂积累的经验和天生的亲和力，很快成了店里的销售冠军。不料，由于家人忽生重病，甘有琴和丈夫只能返回老家苏屋塘村，在山坡上开垦荒地，建了个小鱼塘，靠养鱼为生。

图3-1 甘有琴在采摘橘子

2017年，短视频行业进入快速发展的时期。一次，甘有琴的侄子尝试制作短视频，开玩笑地邀请她参与。甘有琴抱着试试看的态度答应了侄子的邀请，她的短视频账号被命名为“巧妇九妹”。没想到，因为不仅展现了乡村生活的点滴，还传递了积极向上的生活态度和顽强拼搏的精神，“九妹”的第一条短视频点击量就突破了20万人次。甘有琴敏锐地意识到这是一条寻求发展的路子，便开始通过电商平台销售自家种植的农产品。尽管初期面临种种困难，但她凭借坚韧不拔的精神，逐渐为自家的农产品打开了销路。

随着网络影响力的不断增强，甘有琴开始创办公司，带领团队一起努力，不仅为自己赢得了丰厚的收入，而且为团队成员提供了稳定的工作机会。成名后的甘有琴并没有忘记自己的初心，她免费教授村民们拍摄视频的技巧，帮助他们开拓视野，寻找更多可能性。她还为村里的妇女提供兼职岗位，让她们也能有一份额外的收入。

课堂活动3-3

自测创业能力

（1）请根据所学内容，按照自身情况，在表3-3中客观地为自己的创业能力评分，10分为最高分，0分为最低分。

表3-3 自测创业能力

能 力	评 分										
创业能力	0	1	2	3	4	5	6	7	8	9	10
决策能力											

续 表

能 力	评					分					
创业能力	0	1	2	3	4	5	6	7	8	9	10
经营管理能力											
专业技术能力											
交往协调能力											
创新能力											
商业洞察力											

（2）请同学们根据自身各创业能力分值情况，思考如何提高自身分值偏低的创业能力。

课后实践活动

识别创业能力

活动目标：能正确认识创业能力，提升个人创业能力。

活动时间：1小时。

活动步骤：

（1）阅读活动材料。

19世纪50年代，李维斯和许多年轻人一样前往美国西部淘金，途中被一条大河拦住了去路。李维斯设法租船，做起了摆渡生意，结果赚了不少钱。在矿场，李维斯发现采矿出汗多，饮用水紧张，于是，别人采矿他卖水，又赚了不少钱。后来，李维斯发现，由于跪地采矿，淘金者裤子的膝盖部分容易磨破。矿区有许多被人丢掉的帆布帐篷，他把这些旧帐篷收集起来洗干净，做成裤子销售，"牛仔裤"就这样诞生了。

（2）每6～8名同学为一小组，讨论：材料体现了创业者的哪些创业能力？我们在创业过程中应如何运用这些能力？

（3）每个小组推选一名代表分享本小组的讨论结果。

任务三

提升职业素养

学习目标

1. 明确在初创企业就业应具备的职业素养。
2. 掌握在初创企业就业的基本工作策略，提高个人在初创企业就业的能力。
3. 认识到在初创企业就业应具备的职业素养的重要性。

导入案例

两名销售员的差距

小陈和小赵是同一所高职院校的同学，毕业后又进入了同一家农产品公司从事销售工作。一段时间后，小陈升职加薪，小赵却仍在原地踏步。小赵对领导的不公平对待很不满意，来到办公室向领导诉苦。

小赵抱怨完，领导没有对他做任何解释，而是想了想，说："你现在到公司附近的市场去，看看有什么东西在卖。"一会儿工夫，小赵便回来向领导汇报："有个小贩拉了一车土豆在卖。"领导问："土豆有多少？"小赵赶紧跑回市场上看了看，回来告诉领导："一共有40袋。""价格呢？"领导继续问。"您没有叫我打听价格！"小赵委屈地说。领导说："好吧，你坐在这里，看看小陈是怎么做的。"

领导把小陈叫来，吩咐他："你到市场上去，看看今天有什么卖的。"小陈过了半天才从市场上回来，向领导汇报："有个小贩在卖土豆，一共40袋，价格是八角一斤。我看了一下，这些土豆质量不错，于是顺便带回一个让您看看。"他边说边从包里拿出一个土豆，继续说："根据我们以往的销售情况，40袋土豆很快就可以全部卖掉。我把那个小贩也带来了，他现在正在外面等消息。"领导转向小赵说："现在你知道为什么小陈的薪水比你高了吧？"小赵哑口无言。

启示：

职业素质的差距直接影响工作的效率。任何一家企业都需要工作积极、主动、负责的员工，初创企业尤其如此。优秀的员工往往不是被动地等待别人安排工作，而是主动了解自己应该做什么，然后全力以赴地去完成。

一、创业素养的内涵

创业素养是创业素质与修养的内在统一，主要包括知识、能力和精神三个方面，这三个方面相辅相成，共同构成了创业素养的基本内涵。知识层面主要包含必备的专业知识、经营管理知识、国家及地方政策等方面的知识；能力层面主要包含创新能力、社会实践能力、交际能力等；精神层面主要是指创业者自身具有的坚持不懈、吃苦耐劳、锲而不舍的创业精神，以及开阔的眼界、敏锐的反应、过人的胆识等。知识、能力和精神三者的高度融合构成了创业素养的内涵。创业素养的高低是决定创业成败的重要因素，其在创业过程中起着不可替代的作用。

课堂活动 3-4

分析创业者的素质

阅读以下材料，结合事例谈谈创业者应具备哪些素质。

哪些人不适合创业？

（1）缺少职业意识的人。这种人满足于机械地完成自己分内的工作，缺少进取心、主动性。

（2）优越感过强的人。这种人自恃才高，我行我素，难以融入集体。

（3）只会说“是”的人。这种人缺乏独立性、主动性和创造性，只能因循守旧，难以开展开拓性的工作。

（4）偷懒的人。这种人付出的劳动和工资不相符，每天晃来晃去，浪费时间，影响他人工作。

（5）傲慢的人。这种人只注意别人的缺点，看不到别人的优点，总喜欢贬低别人、抬高自己。

（6）僵化、死板的人。这种人做事缺少灵活性，对任何事都只凭经验、教条处理，不能灵活应对，将惯例当作金科玉律。

（7）感情用事的人。这种人往往以感情代替原则，想怎么干就怎么干，不能用理智控制自己。

（8）多嘴多舌、固执己见的人。多嘴多舌的人不管对什么事都要插上几句话，固执己见的人从不听别人的意见。

（9）胆小怕事、毫无主见的人。这种人宁可因循守旧也不敢尝试革新，遇事推诿，不肯负责。

（10）情绪不稳定的人。这种人稍有收获便欣喜若狂，稍受挫折便一蹶不振，情绪大起大落、极不平稳。

二、基本工作策略

初创企业中的工作充满挑战和不确定性，但只要我们掌握基本工作策略，不断学习和努力，就可以在工作中游刃有余。

（一）时刻保持好奇心

时刻保持好奇心，凡事多问几个“为什么”。进入一家初创企业后，我们可能会对业务有很多不熟悉的地方。如果凡事都只按照领导的要求去执行，那么我们只能完成具体的工作任务，却不能理解为什么要这样做，不能举一反三。随着我们执行的事项越来越多，如果不具备好奇心，得过且过，我们对初创企业的战略、项目、运营目标的感知将越来越模糊，工作也会越来越吃力。

保持好奇心还要求我们对初创企业的外部环境保持好奇。市场在快速变化，企业里的每一个人都应时刻关注企业之外的变化，做到多看、多读、多问、多思考。保持好奇心是我们的职业素养提升的关键。

（二）留意别人在做什么

若我们只负责自己手上的事务，而不知道团队下一步要做什么，那就难以找到自己工作的方向和目标。要积极观察和尝试理解不同部门的运作，了解我们的工作如何对别人产生助益或影响。初创企业的部门相对较少，常常是“分工不分家”，我们需要注重跨部门的沟通、合作，而不是“各人自扫门前雪”。

（三）先研究，再提问

别人的时间是有限的，在遇到问题时，我们应该先自己研究，研究不出来，再向专业人士提问。可以参考这两个判断标准：(1) 自己研究会花费很长时间，可能会耽误其他工作；(2) 通过搜索引擎、企业文件等渠道找不到答案。

有些年轻人在加入初创企业后，会对产品等方面的战略提出各种意见。这种质疑精神是值得赞赏的，因为老员工可能很难跳出固有思维去看企业的战略，但我们不能急于质疑企业战略，而是要做充分的调研和沟通后再质疑。

（四）拥抱变化

初创企业在市场中处于高度不确定的状态，产品的需求是动态变化的。之前定下的目标，可能在执行的时候要根据需求调整。很多人讨厌需求的变化，但我们很难在定下目标前完全了解市场需求，而且市场是动态变化的，初创企业需要根据市场变化情况调整策略。作为初创企业的员工，我们也应该根据市场和运营数据的变化主动调整策略和心态，而不是抱怨。

（五）保持沟通

协作是创业成功的关键之一，而协作依赖的是沟通。在初创企业里，同事之间的沟通

往往比在其他企业里更频繁。因为只有这样，我们才能以提高效率，顺畅对接。

(六)寻求协助

不要害怕向同事寻求协助。当我们卡在某个环节而无法取得进展时，如果知道有人可以帮自己，最好的办法就是开口求助，而不是浪费时间去试图自己解决问题。寻求协助不仅能让工作更有效率地完成，而且有助于团队合作，在企业内部建立良好的互助风气。

(七)勇于犯错

很多新员工不敢放开手脚做事，害怕犯错给企业带来损失。但是，如果我们故步自封，不愿承担任何责任，这比犯错更加不利于我们的成长。犯错是成长的必经之路，我们不需要担心犯错，而且可以通过以下方法减少错误：多提问，理解企业战略，为工作设置关键点并保持沟通。

(八)做好打杂的准备

初创企业的人手往往不足，很多员工可能同时穿插在不同的项目里，或者一件事本来需要几个人才能完成，但因为人手不够，你必须独立完成。这是初创企业的常态。不要因为自己在做杂活感到沮丧，这可以锻炼我们多方面的能力。

三 自我管理技能

在初创企业中，每个人都应该学会一些自我管理技能，如时间管理技能和目标管理技能，以便提高工作效率。

(一)时间管理

1. 时间管理的概念和内容

时间管理是指在同样的时间消耗下，为提高时间的利用率和有效性而进行的一系列控制工作。它可以帮助我们选择科学的方法和手段，使结果向预期目标尽量靠拢。

时间管理包括以下几项内容：

(1)在做某事之前，确定要用多少时间；

(2)利用分割与集中的方法增加自由时间，对其进行合理利用；

(3)总结时间的利用情况，找出浪费时间的原因并予以解决；

(4)用定量的方法控制时间。

2. 做好时间管理

如何做好时间管理，提高我们的工作效率？

（1）树立明确的目标。我们要根据个人任务和团队任务设定清晰明确的目标，并采用更合理的方法实现目标。在行动之前，先想想自己是否正离目标越来越近，不要做南辕北辙的事情。在制订计划之前，先确认自己希望达到哪些目标，做到心中有数。

（2）制订行动计划。凡事预则立，不预则废。即使明确了目标，如果做事没有计划，我们也可能会感到盲目，工作效率低下。制订一份思路清晰、简单明确的工作计划，能够帮助我们减少很多麻烦。

（3）合理安排时间。我们可以采用以下方法合理安排时间。

① 6点优先工作制。我们可能经常太忙，以致无法为明天做计划。可以在前一天晚上确定次日最重要的6件事，把它们一一记录下来。每天晚上记录下所有可以想到的事，并问问自己："今天该做而没做的事情是什么？明天该做的最重要的事情是什么？"

② 二八原则。二八原则的核心内容是生活中80%的成就源于20%的活动。根据这一原则，我们应该首先完成那些紧急而又重要的工作，其次是重要而不紧急的工作，再次是紧急而不重要的工作，最后是那些不紧急也不重要的工作。

③ 莫法特休息法。莫法特休息法要求我们不要长时间做同一种工作，而是要经常做内容不同的工作，保持精神的兴奋，进行主动的调剂和放松。

④ ABC管理法。将事情依据其重要和紧急的程度分为A、B、C三类，A类为最重要、最紧急、影响最大的工作，B类为虽然重要但不十分紧迫的工作，C类为一些无关紧要、可做可不做的工作。分类后确定完成各类工作所需的时间，然后再依次解决。

⑤ 备忘录法。备忘录应该可以随身携带，忘了什么，就把它拿出来翻一翻。在一天的工作结束后，将做完的事情在备忘录上划掉，将没完成的事情增列到明天的备忘录上。

（4）消除时间浪费。每个人在工作中都会受到外界环境和他人的影响，表3-4列出了几种造成时间浪费的常见原因及对策。

表3-4 造成时间浪费的原因及对策

造成时间浪费的原因	不良后果	对策
沟通不良	无法实现自己的工作目标； 下属不能完成交办的工作	明确沟通目的； 学会倾听； 选择恰当的语言和渠道进行沟通
会议耽误	开会没有计划，脱离议题，耽误时间； 会议时间过长，没有结论	安排会议主题和议程； 合理安排与会人员； 会议要有结论、有决定
权责混淆	工作职责重叠，互相推诿； 权责不对等，有职无权	撰写工作职责说明书； 建立奖惩机制

课堂活动 3-5

寻找不被打扰的方法

（1）小李是某公司业务处的负责人，他最近因一些电话感到非常头疼。这些电话有的是咨询的，有的是投诉的，一天下来，他觉得自己没做什么工作就下班了，重要的决策和会议都不能正常进行。对于小李的这种情况，大家有什么建议？请同学们根据课上所学的内容和平时的经验谈谈自己的建议和方法。

（2）请2～3名同学进行汇报，教师进行点评、总结。

（二）目标管理

1. 目标管理的概念

目标管理是让企业的管理人员和员工亲自参加工作目标的制定过程，在工作中实现自我控制，并努力达成工作目标的活动，是一种共同决定具体的绩效目标，并且定期检查完成目标进展情况的管理方式。

目标管理的具体做法可分为三个阶段：第一阶段为目标的设定和分解；第二阶段为对实现目标的过程的管理；第三阶段为测算、评价和总结所取得的成果。

2. 制定目标的原则

目标的制定应该遵循如下原则。

（1）把大目标分成具体的小目标。在日常生活、工作中，我们都会有自己的目标，而成功的关键在于把目标细化、具体化。

（2）目标要具有可行性。每个人都要根据自己的情况来设定可行的目标，不能定得太高，也不能定得太低，要切实可行。

（3）目标是可以更改或调整的。我们应该随着时间、环境等客观因素的变化及时地调整我们的目标。

（4）目标应立足长远。如果我们想要轰轰烈烈地干一番事业，就必须目光远大、志向高远。

3. 目标管理的技巧

（1）制订计划。制订计划是实现目标的唯一手段。企业界有句名言："在计划上多花1分钟，在执行上可以节省10分钟。"这句话同样适用于个人的时间管理。事前制订良好的计划，加上养成按照计划执行的习惯，我们通常可以在最短的时间内完成目标。为了实现目标，我们必须为自己的每一步都做好计划，从而确保每一步都能有效完成，并为最终完成整个计划做好准备。

（2）将全部心思倾注于一个目标上。在确立目标之前需要做深入细致的思考，要权衡利弊，考虑各种内外部因素，从众多可选择的目标中确定一个。

案例 3-3

拉马克的目标

拉马克学医4年，可是对医学没有多大兴趣。25岁时，拉马克在植物所散步时遇上了法国著名思想家卢梭。卢梭很喜欢拉马克，常带他到自己的研究室里去观摩。在那里，拉马克被科学深深地迷住了。此后，拉马克花了整整11年的时间系统地研究了植物学，写出了名著《法国全境植物志》。拉马克44岁时当上了皇家植物园标本管理员，此后花了25年研究植物学，50岁时又开始研究动物学。此后，他为动物学花费了35年时间。最终，他成了一位著名的博物学家，最早提出了生物进化论。

（3）学会分解目标。实现目标的过程是由现在到将来、由小目标到大目标，一步步前进的。我们可以运用“剥洋葱法”，将目标按由将来到现在、由大目标到小目标的原则层层分解。

（4）与他人合作。合作是人类不可或缺的生存方式，在社会分工越来越细的情况下尤其如此。目标的实现离不开各种各样的合作，只是合作的形式不同。

（5）采用适当的工作程序。我们要学会安排事情的优先顺序。在初创企业里，我们似乎总有做不完的工作，因此有效辨别事情的重要性与优先顺序是相当重要的工作技能。

（三）竞争应对

在工作中经常存在着竞争关系，有的是公司内部的同事之间的竞争，有的是与公司外部竞争对手之间的竞争。这两种竞争有很大的不同，应采取不同的策略应对。

1. 内部竞争策略

初创企业处于高速发展期，很多业务具有不确定性，成功的机会也较多。为追求工作业绩、实现升迁等，同事之间的竞争不可避免。这种竞争不是单纯的竞争，双方处在同一企业或同一部门中，有共同的利益和共同的目标。这种竞争的目标不是赢，而是在追求共同利益的过程中合作，促进共同目标更快、更好地实现，即在目标一致的前提下相互配合，取得双赢的结果。

同事之间既存在合作，又存在竞争。过分放大竞争心态，合作就不会愉快。从实现工作目标的角度来看，强有力的同事对自己能力的提升也有很大的帮助。积极的态度是将竞争目标放在外部环境中，挑战更有能力的对手，这样个人能力能在团队合作中得到锻炼，自己的视野也会更宽。

案例 3-4

锥形冰激凌的互助双赢

哈姆一直从事糕点生意的经营，却没有多大起色。1904年的夏天，哈姆得知美国即将举行世界博览会，便来到会场外面出售他制作的薄饼。人们对他的薄饼兴趣不大，却相邻的冰激凌摊点很感兴趣。那个商贩不一会儿就售出了许多冰激凌，自带的冰激凌碟子很快用完了。哈姆见状，就把自己的薄饼卷成锥形，让他盛放冰激凌。令哈姆意想不到的是，这种锥形冰激凌很受顾客欢迎，两人合作后，生意一下子变得红红火火。

2. 外部竞争策略

（1）以积极的态度对待竞争对手。我们的竞争对手有其自身的竞争优势，他们身上也有值得我们学习的品质。因此，永远不要小看自己的竞争对手，应该重视竞争对手，客观地对竞争对手进行准确定位，多看竞争对手的优点，取长补短，提升自己的能力与素质。

（2）不排除和竞争对手合作。在合适的时机下，我们也可以和竞争对手合作。因为双方各有各的优势和劣势，我们可以将自己的优势与对方的优势结合，从而共同进步，实现双赢。

课堂活动 3-6

正确处理内部竞争

（1）小王大学毕业后进入一家初创互联网平台型公司任运营主管，主要负责公司的公众号运营和客户产品在公司平台上的付费转化运营，领导对他的工作比较满意。现在，公司又招聘了一名运营主管小孙。小孙有过类似的工作经验，表现也很不错。人力资源经理暗示小王，随着公司业务的扩大，要在半年内从公司内部选拔一个人当运营经理。假如你是小王，你会怎么做？请每6～8名同学一组进行讨论，把认为可以采取的竞争策略写下来。

（2）每组选派一名代表阐述小组观点，其他同学进行补充。

（3）教师点评、总结。

（四）职场压力管理

一旦职场压力产生，如何自我调节、缓解压力便成为很现实的问题。此时有两种策

略：一是处理压力源本身；二是处理压力所造成的反应，即情绪、行为及生理等方面的不良反应。一些实用且有效的方法可以帮助我们减轻职场压力，顺利度过职业初期。

1. 日常减压

除了工作，我们也应该有自己的生活乐趣。可以利用碎片时间和休息时间做一些与工作无关的事情，如吃美食、听音乐、与朋友聊天、有规律地运动，这些都是非常好的日常减压活动。

2. 换位思考

职场中可能会有许多不愉快和小摩擦，尽量从好的方面来理解它们。多为别人想想，多做换位思考，就可以减少压力事件的产生。

3. 正确处理问题

面对自己无法顺利处理的压力源时，我们可能会采取不理想的方式，如逆来顺受、逃避、紧张或鲁莽行事，这样的方式往往无法有效处理问题，有时还会惹来更大的麻烦。处理问题时较理想的态度是冷静面对并加以解决。

解决问题的步骤如下：认清压力事件的性质；理性思考和分析压力事件的来龙去脉；确认个人对问题的处理能力；寻找能帮助解决问题的信息；运用问题解决技巧拟订解决计划；实际解决问题。

4. 进行压力反应处理

无论问题处理的结果如何，处理过程中产生的压力都会对身心造成影响，适当处理压力反应也是压力管理相当重要的一环。

（1）情绪缓解。情绪的不恰当表现常会干扰问题解决过程，甚至使问题本身恶化。有效处理情绪可以使我们深入问题的核心，使认清和解决问题变得容易，避免情绪失控造成更严重的后果。

（2）情绪宣泄。适当的情绪宣泄，例如向朋友倾诉有助于我们恢复平静。也可以在不干扰别人的前提下痛哭一场，把情绪适当宣泄出来，以避免在解决问题的重要时刻把不适当的情绪表露出来。

（3）心态调整。危机即转机。遇到困难，可能是因为自己的能力不足，这样，处理问题的过程就成了我们增强能力、不断成长的过程。以积极乐观的心态去面对每一件事有助于我们减轻职场压力。

（4）应对生理反应。当我们从事沉思、冥想或其他放松活动，如肌肉松弛训练、瑜伽时，我们的心跳、血压和肺部氧气的消耗量都会降低，从而使各个器官得到休息。对于神经紧绷，甚至下班后仍满脑子工作的人而言，这是相当有效的方法。

课后实践活动

设计时间安排方案

活动目标：掌握时间管理技巧。

活动时间：1小时。

活动步骤：

（1）了解活动背景。

陈明从某高职院校毕业后，进入某公司担任办公室行政助理，要做的杂事特别多。一天，刚上班，主任就给他安排了六件事：去市交通监控中心处理公司车辆闯红灯的罚款缴纳事宜，到市工商局办理营业执照地址变更的相关手续，拟写一份国庆节放假及安全注意事项的通知，协助业务部经理找情绪不稳定的业务员小李谈话，联系售后服务单位维修复印机，为主管市场业务的张总预定后天出差的机票。

主任交代完任务，就外出办事去了。这时，公关部文员小马来到陈明的办公桌前坐下，同他聊起天来。陈明这几天还面临着本科进修班的考试，还需要抽时间复习。

面对这样的情况，陈明应该如何安排一天的时间？

（2）请每位同学自行设计时间安排方案。设计完成后，与3位同学互换时间安排方案并交流。

（3）根据交流结果，对自己原来的时间安排方案进行修正，并说明这样设计时间安排方案的理由。

项目四

开展创业实践

任务一 识别创业机会

任务二 构思创业项目

任务三 组建创业团队

任务四 形成创业计划书

任务五 规避创业风险

任务六 认识“互联网+”创业

引导语

创业是追梦的过程，也是点亮更多梦想的过程。在现代化进程加快的环境中，创业机会无处不在。机会就是未明确的市场需求或未被充分使用的资源、能力。机会具有很强的时效性，甚至转瞬即逝，一旦被别人把握住也就不存在了。机会又总是反复出现的，一种需求得到满足，另一种需求又会产生；一类机会消失了，另一类机会又会产生。大多数机会都不是显而易见的，需要去发现和挖掘。

要想把握住宝贵的创业机会，最终实现自己的创业梦想，我们需要灵活地运用知识，有效识别创业机会，构思创业项目，组建创业团队，形成创业计划书，规避创业风险，最终凭借充分的准备、缜密的计划、大胆的探索，将自己的创业梦想变成现实。

任务一

识别创业机会

学习目标

1. 了解创业机会的概念、特征和类型，了解创业机会的发现方法。
2. 能运用常用的方法发现创业机会。
3. 增强对创业机会的敏感性，善于发现创业机会。

对创业机会的识别是创业成功的前提和基础，也是创业的关键点之一。了解创业机会存在于何处，如何识别与捕捉，是创业者不可或缺的素养。在创业之前，创业者应该学会如何识别、发现、把握和选择创业机会，更重要的是，要能根据自身条件和资源筛选出最适合自己的创业机会，及时把握，最后获得成功。

导入案例

"丑小鸭"变成"白天鹅"

大学毕业后，杨建军按父母的意愿到一家公司上班，但8个月后，他辞职了。"趁还有冲劲，我一定得干点事情。"在高中、大学期间，杨建军曾在学校里做过小生意，这让他不仅赚到了人生的第一桶金，而且积累了不少创业经验。

杨建军发现，在市区，专业的家电清洗存在市场空白，一般的清洗工人都是"打游击"的个体户。在口袋里只有800元的情况下，杨建军找亲朋好友凑足5 000元，创立了漳州市丑小鸭网络科技有限公司，专门提供清洗空调、抽油烟机等家电保养服务，并建立了自己的网站、微信公众号，让客户可以在网上下单。很快，"丑小鸭"在市区的家电保养服务行业占据了一席之地。

启示：

市场中并不缺少创业机会，而是缺少识别和发现创业机会的敏锐眼光和嗅觉。找到好的创业机会的途径很多，如新闻报道、政府工作简报、行业信息，在其中都能捕捉到创业机会。

一、认识创业机会

对创业过程来说，真正的创业过程开始于创业机会的发现。如何从繁杂多变的市场环境中找到具有潜在价值的创业机会，进而开发机会，并最终将其转化为初创企业，是创业研究的重要内容。

创业箴言

善于识别与把握时机是极为重要的。在一切大事业上，人在开始做事前都要像“千眼神”那样察看时机，而在进行时要像“千手神”那样抓住时机。

——培根

（一）创业机会的概念

微 课

什么是创业机会

创业机会是商业或市场活动中的机会，体现为对新产品、新服务或新业务需求的有利环境，有吸引力、较为持久和适时的商业活动空间。创业机会是一种有利于创业的偶然性和可能性，并最终表现为能为消费者创造价值，同时能为创业者带来回报的产品或服务。

（二）创业机会的特征

创业机会具有以下特征。

1. 普遍性

但凡有市场、有经营、有市场竞争的地方，客观上都存在着创业机会。创业机会普遍存在于各种经营活动之中。

2. 偶然性

创业机会大多数情况下是偶然出现的，它的发现和捕捉具有很大的不确定性，人们很难捕捉到它。有的时候越是刻意地去寻找创业机会，它就隐藏得越深。任何创业机会的产生都含有意外因素。

3. 时效性

创业机会最显著的特征是时效性。“机不可失，时不再来”，说的就是机会的稍纵即逝。创业机会存在于一定的时空范围之内，产生创业机会的客观条件发生变化，创业机会就会消失。

4. 均等性和差异性

创业机会在特定范围内对某一类个人或某一类企业而言是均等的，并无差别，这就是创业机会的均等性。但是，不同的个人和企业对同一个创业机会的认识存在差异，另外，其素质和能力不同，利用创业机会的可能性和程度也会存在差异。

（三）创业机会的类型

创业机会来源于外部变化，这些变化使人们能够做以前没有做过的事情，或使人们能够以更有价值的方式做事。俗话说，机会只青睐有准备的人。创业者要把握住创业机会，就需要弄清楚在哪里可以找到创业机会。一般来说，创业机会可以分为以下三个类型。

1. 技术机会

世界产业发展的历史告诉我们，几乎每个新兴产业的形成和发展都是技术创新的结果。技术机会指现有的技术规范程度和性能存在的提升的可能性，也包括全新的技术出现和被应用的可能性。当技术更替，产业的变更或产品的替代既能满足顾客需求，又会为创业者提供前所未有的创业机会。

微课

创业机会的来源

技术变化带来的创业机会是最为常见的创业机会，具体表现形式主要有以下三类：新技术替代旧技术产生的机会，实现新功能、创造新产品的新技术的出现产生的机会，新技术带来的新问题产生的机会。

2. 市场机会

一般来看，市场需求变化带来的机会主要有以下四类。

（1）市场上出现了与经济发展阶段有关的新需求，就需要有企业去满足这些新的需求，这是创业者可以利用的创业机会。

（2）当期市场供给有缺陷，会产生新的创业机会。非均衡经济学认为，市场是不可能真正“出清”、达到供求平衡的，总有一些供给不能实现其价值。因此，创业者如果发现这些供给侧结构性缺陷，同样可以找到可利用的创业机会。

（3）发达国家（或地区）产业转移带来市场机会。在发达国家或地区与发展中国家或地区之间存在成本差异，发达国家或地区就会将某些产业向外转移，这就可能为发展中国家或地区的创业者提供创业机会。

（4）从比较中寻找差距。差距中往往隐含某种创业机会。通过与其他国家或地区比较，看看哪些别人已有的东西我们还没有，这就是差距，从中就可能发现某种创业机会。

3. 政策机会

随着经济发展、技术变革的推进，政府也必然要不断调整自己的政策，而政府政策的变化就可能给创业者带来新的创业机会。

案例 4-1

返乡创业的赵朝鹏

赵朝鹏（图 4-1）的老家位于云南省曲靖市龙华街道清河社区红瓦房村。红瓦房村以前没有什么产业，每年春节一过，年轻人便纷纷外出打工，留守在村里的基本上是老人和小孩。身在外地的赵朝鹏总想为家乡做点什么，但又不知从何做起。

2021年5月，陆良县芳华镇种植的洋芋滞销，村民们急得团团转。赵朝鹏听说后，心想这也许是一个创业机会，说不定能扭转局势。他抱着试一试的心态在田里支起一口锅，一边炸洋芋，一边在直播间里与粉丝互动，没想到，半个月竟然卖出了近400吨洋芋。“出道”即成功让赵朝鹏倍感惊喜。他更坚定了对农产品直播带货的信心，带着几个年轻人一起回到红瓦房村，在村头一间破旧的土坯房里做起了农产品直播带货。

图4-1 赵朝鹏在第七届中国–南亚博览会上直播售卖农产品

万事开头难，最初的半年时间里，他倾注大量心血打造农副产品供应链，“比如曲靖小粑粑、沾益辣子鸡、宣威火腿，我们与厂家谈，最后形成了良好的合作机制”，他自豪地说。为了做大直播带货规模，2023年，他在村里新建了一个小院，取名“直播小院”，院内除设有5个专业直播间，还有12个户外直播间，免费向“三农”主播开放。赵朝鹏的直播大大提高了村子的知名度。村内游客逐渐增多，当地政府引导村民们摆摊设点，炸洋芋、凉米线、魔芋豆腐等当地小吃深受游客青睐，不少村民将自家的老房子翻新后开起了餐馆。从2023年9月到2024年5月，红瓦房村一共迎来了60多万名游客。

红瓦房村的旅游红红火火，离不开赵朝鹏的流量加持。赵朝鹏说：“乡村振兴不是一句空话，得有人实实在在去做。”接下来，他还会免费培训农村电商工作者，支持更多的青年返乡创业。

（资料来源：陈永强、陈欣波，“老村长”返乡创业记，新华网）

拓展链接 4-1 具有吸引力的创业机会的特点

（1）适时性：能满足当前的需求或解决当前的问题。
（2）可解决性：在不远的将来能够利用可获取的资源解决当前的问题。
（3）重要性：消费者认为解决这一问题非常重要。
（4）获利性：消费者愿意为这一解决方案付款，企业能从中获利。
（5）环境性：存在有利于企业发展的市场环境。

拓展链接 4-2 老龄化会带来哪些创业机会？

第一，日用品，如老人尿不湿、假牙、智能拐杖和轮椅、助听器、老年代步车、老年服饰。例如，现在时尚的老年女性往往喜欢购买“凹造型三件套”——丝巾、墨镜和背包，导致这三类产品的销量近年来直线暴涨。又如，老年人的听力普遍不好，对助听器的购买需求随之不断上升。

第二，保健产品和服务，如药品、保健品、滋补食品、身体指标检测仪、体检服务、理疗康复服务。如对患有高血压的老年人来说，常备血压测量仪就是有必要的。

第三，精神娱乐服务，如老年人培训、老年人聚会策划、老年人旅行。例如，现在很多经济条件较好、精力旺盛的老年人为满足精神娱乐需求，会参加茶艺、歌舞、戏曲、书法、绘画等项目的培训活动。

第四，社区健康服务。例如按年收费，每周上门为老年人进行血压、血糖测量，每月进行全面而深入的检查的服务。

二、发现创业机会的方法

寻找适合自己的创业机会主要应遵循两个原则：一个是从自己的专长出发，另一个是从顾客的需求出发。如果只从自己的专长出发，却不知道是否有市场，创业就可能会失败。同样，如果有顾客需求，但不能生产或提供比竞争对手更好的产品或服务，创业也不会成功。

活动视频

发现创业机会

创业者可以通过多种方法识别创业机会，这里归纳几种较为常用的方法。

（一）通过环境分析发现创业机会

多数创业机会都可以通过环境分析发现。我们可以借助市场调研，从宏观环境（政治、经济、法律、技术等）和微观环境（顾客、竞争对手、供应商等）的变化中发现机会。

案例 4-2

日本汽车产业的崛起

20世纪60年代初，日本汽车商通过政府、综合贸易公司、企业职能部门、市场研究公司等渠道广泛搜集信息。通过市场调研，他们发现，美国人把汽车视为身份或地位象征的传统观念正在逐渐弱化，大多数人把汽车视为一种交通工具，更重视其实用性、舒适性、经济性和便利性；美国的家庭规模正在变小，核心家庭大量出现；美国汽车制造商无视环境变化，因循守旧，继续大批量生产大型豪华车，因而出现了小型车的市场空白。于是，日本汽车商设计出了满足美国顾客需求的小型车，以外形小巧、价格便宜、舒适平稳、耗油量低、驾驶灵活、维修方便等优势敲开了美国市场的大门。

（二）通过问题分析发现创业机会

在进行问题分析时，可以首先问“什么才是最好的”，有效且有回报的解决方案对创业者来说是识别创业机会的基础。分析问题时，需要全面了解顾客的需求和可以满足这些需求的手段。新的创业机会也可能会由顾客识别出来，因为他们知道自己需要什么。顾客的建议多种多样，他们会提出一些诸如“如果那样的话不是更好吗”的非正式建议。讲究实效的创业者总会从顾客那里征求想法。

（三）通过创造发现创业机会

微课

评估创业机会的方法

这种方法在新技术行业中最为常见，可能始于明确未被满足的市场需求，进而积极探索相应的新技术和新知识，也可能始于一项新技术或新发明，进而积极探索新技术或新发明的商业价值。通过创造发现创业机会的难度更大，风险也更高，但如果能够成功，其回报也更大。

（四）通过调查发现创业机会

阅读媒体报道、利用互联网搜索数据都是常用的调查形式。进行全面的调查可以让我们知道应该注意哪些问题，以及如何快速切入问题核心。通过不断获取信息，我们可以建立起自己的直觉。观察一切，记录各种想法，想法越多、越新奇，我们就越有可能找到合适的创业机会。

案例 4-3

关于鞋的机会

20世纪40年代中期，美国的经济飞速发展。在这样的背景下，有两家制鞋公司都想将自己的产品销往国外，同时看好了没有商业竞争的非洲大陆。甲、乙公司分别派出自己的业务员前往非洲考察，但结果不同。甲公司的业务员回来后对老板说："非洲多少年来几乎就没有人穿鞋，他们大多习惯了光脚，把鞋运过去销路肯定不会好。"乙公司的业务员回来后却对老板说："赶紧发货吧，那里一个卖鞋的厂家都没有，由于买不到鞋，没办法，非洲的人还都在光脚。"两家公司根据业务员的考察结果做出了不同的判断和行动。数年后，甲公司的规模越来越小，而乙公司由于打开了国外市场，实力不断增强。

课堂活动 4-1

挖掘创业机会

(1) 采用随机的方式进行分组，每组以6～8人为宜。

(2) 各小组综合运用创业机会的类型、发现创业机会的方法等知识进行讨论，提出至少两个较为可行且具有广阔前景的创业机会。

(3) 小组讨论要包含以下方面：① 发现的创业机会有哪些；② 将要提供的产品或服务是什么；③ 目标顾客是谁；④ 发现的创业机会有哪些优势和劣势，面临哪些机会和威胁。

(4) 小组派代表分享讨论结果，教师点评、总结。

课后实践活动

识别创业机会

活动目标：学会识别创业机会。

活动时间：15分钟。

活动步骤：

（1）请同学们开展头脑风暴，列出自己能够想到的创业机会，填入表4-1。

表4-1 创业机会"风暴"

创业机会	可能的具体创业项目	补充说明

可从以下几个方面寻找创业机会：① 个人生活经历；② 偶然的发现（日常生活中、旅行中、学习中等的发现）；③ 个人兴趣爱好；④ 个人家庭环境、家庭成员从事的职业及相关的行业背景；⑤ 国家政策导向；⑥ 产业结构及技术的变革。

（2）同学们展开交流，教师点评。

任务二

构思创业项目

学习目标

1. 熟悉创业项目构思的要素。
2. 掌握并能灵活运用创业项目构思的原则和方法，能对创业项目构思进行验证。
3. 形成全面、严谨、认真的态度。

导入案例

莉莉的二手书店

读大学时，莉莉就发现许多二手书店会将长期卖不掉的书收入店里销售，却忽视了顾客究竟需要什么书。她在进行市场分析后发现，随着图书市场格局的变化，现存的正规旧书店已为数不多，无法满足顾客的实际需求，加上近年来纸张价格飞涨，包装精美的新书价格不菲，给二手书交易市场留下了巨大的空间。

莉莉认为，做旧书生意的定位要“专”。在对周围的学校进行需求调研后，她决定主营社会科学类图书，形成自己的特色。在图书的选择上，她第一关注图书的内容，第二关注出版社的权威性。莉莉的二手书店开张后，她挑选出来的二手书很快就被抢购一空。为了增加有效的交易渠道，莉莉还创建了一个网店，方便这类图书的网上交易。由于经营得法，莉莉的二手书店人气越来越旺。

启示：

莉莉在产生创业想法后，进行了深入的市场分析，了解了顾客需求，在此基础上形成创业项目构思，为创业的成功打下了良好的基础。

一、创业项目构思的要素

在开始创业之前，我们需要对期望经营的业务有明确的想法。成功的创业始于正确的理念和好的构思。

构思创业项目就是用简短而精确的语言对基本业务进行描述。好的创业项目既要满足顾客的需要，又要盈利；既要向顾客提供他们想要的产品，又要为创业者带来利润。创业项目构思应当包括以下四个要素。

（一）将销售什么产品或服务

构思创业项目应该基于产品或服务，而且必须是人们愿意付钱购买的产品或服务。产品是指人们愿意付钱购买的物品。它可能是制作出来用于销售的物品，也可能是进货后再销售的物品。服务则是指为人们做的事情，人们愿意为此付钱。

（二）将向谁销售产品或服务

顾客是构思创业项目时必不可少的要素，清楚地了解潜在顾客很重要。要确定产品或服务在未来是向某一类特定的顾客销售，还是向一个地区的顾客销售，弄清楚目标客户是谁。

（三）将如何销售产品或服务

产品或服务有很多不同的销售方法，在构思创业项目时，必须确定未来将采取什么方式和手段，在什么区域销售产品或服务。

（四）将满足顾客的哪些需求

构思创业项目时应该始终考虑到顾客的需求，并且调查顾客想要什么，这对进行适当的产品或服务设计而言是很重要的。

二、构思创业项目的原则

构思创业项目的时候，我们需要把握以下的“四清”原则。

（一）自身实力清

构思创业项目的时候，必须清楚自己是否具有创办和经营企业所需要的能力、资源，具备的工作经验、技术能力、社会实践经验、爱好等能否支撑自己成功地创办企业。

（二）顾客情况清

顾客是企业生存的根本，必须清楚地知道企业的顾客是谁，企业准备满足顾客的哪些需要，顾客为什么会买企业的产品，顾客的数量是逐渐增加还是逐渐减少。可以通过行情推测、抽样调查、片区访问等形式做顾客调查。

（三）竞争对手清

竞争对手是企业利益的分羹者，也是企业发展的助推器。在市场经济条件下，是不存在没有竞争对手的市场的。创业者必须清楚地知道一个区域市场内的竞争对手有多少，它们的产量怎么样，它们如何销售产品，它们的顾客是谁，它们与自己的企业相比有哪些优势和劣势，谁可以从竞争对手转化为合作伙伴。如果某个市场已经饱和，其中有很多竞争对手，而自己的企业又没有特别出众的地方可以吸引顾客，也许需要考虑换一个市场或者创业项目。

（四）未来发展清

创业不是一朝一夕的事情，需要考虑5年甚至10年之后企业的定位、市场的发展趋势、企业的生存空间、企业的社会责任等。

三 形成创业项目构思的方法

构思创业项目的过程也是了解自我和认识社会的过程。形成适合自己的创业项目构思，需要我们尽可能多地去探索、发现，拓宽自己的思路。以下是几种常用的方法。

（一）能力适配法

能力适配法是指结合个人的能力水平进行创业项目构思的方法。例如，能说流利的外语，就可以在翻译领域创业。反之，如果外语水平不高，即使有在翻译领域创业的想法，也很难实现。

（二）经验总结法

经验总结法是指结合自己已有的经验进行创业项目构思的方法。经验总结法可以帮助我们缩短问题的分析和处理时间，帮助我们提早发现问题、规避风险。每个人都有与众不同的人生阅历，不同的工作、生活、学习等经历会让我们具备不同的经验，我们可以尝试利用它们，在熟悉的领域中找到开启创业大门的钥匙。

课堂活动4-2

采用经验总结法构思创业项目

（1）请同学们思考以下问题。

① 你的兴趣爱好是什么？

② 你在校期间积累了哪些经验？

③ 你在生活中积累了哪些经验？

④ 同学、朋友、家人等是否和你分享过他们的经验？
⑤ 别人分享的经验对你有帮助吗？
(2) 对以上问题的回答是否可以帮助我们产生创业项目构思？请记录下来。

（三）资源利用法

资源利用法是指结合自身拥有的各种资源进行创业项目构思的方法。例如，拥有一定数量的耕地使用权的农民可以考虑在农产品领域进行创业。如果我们不具备相应的资源，就需要重新进行创业项目构思。值得注意的是，人脉资源在社会发展和人际交往中占据着重要地位，在行创业项目构思的过程中，我们需要思考自己身边是否有可以利用的人脉资源。

（四）问题发现法

问题发现法是指结合自己或身边的人遇到的问题进行创业项目构思的方法。在日常的工作和生活中，我们会遇到各种各样的问题，它们给我们造成了许多困扰。针对这些问题进行创业项目构思，可能会产生意想不到的效果。

（五）头脑风暴法

在进行创业项目构思时，应尽力打开自己的思路。可以通过头脑风暴法产生新设想，为构思创业项目提供依据。

四　用SWOT分析法验证创业项目构思

创业项目构思验证就是通过一系列方法检验创业项目构思是否可行，是否可以转变成创业项目的活动。创业成功与否，关键在于是否有足够的消费者愿意购买企业提供的产品或服务，产品或服务的价格有无足够的利润空间。我们在开始创业之前，可以采用SWOT分析法验证自己的创业项目构思是否可行。

（一）SWOT分析法的内容

SWOT分析法是一种综合考虑企业外部环境和内部环境的各种因素，进而选择生存和发展战略的方法。其中，S指企业的内部优势（strength），W指企业的内部劣势（weakness），O指企业的外部机会（opportunity），T指企业的外部威胁（threat）。

1. 内部优势（S）

内部优势是指企业超越其竞争对手的能力。例如，当两家企业处于同一市场中时，其中一家企业有更高的盈利率或盈利潜力，我们就认为该企业比另一家企业更具优势。内部优势主要包括技术优势、资产优势、人力优势、组织优势等。

（1）技术优势：独特而先进的生产技术、低成本的生产方法、丰富的营销经验等。

（2）资产优势：先进的生产流水线、现代化的车间和设备、丰富的自然资源、充足的资金、优秀的品牌形象、良好的企业文化等。

（3）人力优势：积极上进的员工、优秀的技术人才和专家团队等。

（4）组织优势：高质量的控制体系、完善的信息管理系统、忠诚的客户群、强大的融资能力等。

2. 内部劣势（W）

可能导致企业内部劣势的因素有以下几个：缺乏具有竞争力的技术，缺乏具有竞争力的资产资源、人力资源或组织资源，关键领域的竞争优势正在丧失。

3. 外部机会（O）

外部机会是影响企业战略决策的重要因素。企业面临的外部机会包括以下几种：消费者对企业产品的需求增加、市场进入壁垒降低、竞争对手遇到危机。

4. 外部威胁（T）

在企业的外部环境中，总是存在某些对企业的盈利能力和市场地位构成威胁的因素。外部威胁可能包括以下几种：出现强大的竞争对手；目标市场内出现替代品，抢占了企业产品的市场份额；汇率和外贸政策发生变化；客户或供应商的谈判能力增强；市场需求减小；经济环境萧条。

（二）进行SWOT分析的步骤

进行SWOT分析的步骤如下。

（1）列出企业具备的内部优势和内部劣势，以及可能面临的外部机会与外部威胁。

（2）根据企业具备的内部优势和内部劣势、面临的外部机会与外部威胁的情况，有针对性地选择战略（图4-2）。

① SO战略：发展内部优势并利用外部机会的战略。当企业具有特定方面的优势，外部环境又为发挥这种优势提供了机会时，可以采用该战略。例如，企业市场份额提高等内

企业内部资源(SW) + 企业外部环境(OT) =（决定） 企业战略

项目	优势(S)	劣势(W)
机会(O)	SO战略——增长性战略 （进攻策略，最大限度地利用机会）	WO战略——扭转性战略 （调整策略，实现战略转型）
威胁(T)	ST战略——多种经营战略 （调整策略，多种经营）	WT战略——防御性战略 （生存策略，严密监控竞争对手动向）

图4-2 SWOT分析的四种战略

部优势，以及产品具有良好的市场前景、供应商规模扩大、竞争对手面临财务危机等外部机会可以成为企业收购竞争对手、扩大生产规模的有利条件。

② WO战略：利用外部机会弥补内部劣势，从而获取竞争优势的战略。当存在外部机会，但有一些内部劣势妨碍企业有效利用外部机会时，可采取措施先弥补这些内部劣势。例如，如果企业原材料供应不足，在产品市场前景看好的前提下，企业可利用供应商规模扩大等外部机会实现纵向整合，以保证原材料的供应。

③ ST战略：利用自身优势，回避或减轻外部威胁所造成的影响的战略。例如，竞争对手利用新技术大幅度降低成本、原材料供应紧张、消费者要求大幅度提高产品质量等都会导致企业在竞争中处于不利地位，但若企业拥有充足的资金、熟练的技术工人和较强的产品开发能力，便可利用这些内部优势开发新工艺、简化生产流程，从而提高原材料利用率、降低生产成本。

④ WT战略：回避内部劣势和外部威胁的防御性战略。当存在内忧外患时，企业面临生存危机，降低成本也许会成为改变劣势的主要措施。例如，当企业原材料供应不足且设备老化、生产成本居高不下时，企业可采取差异化战略，以回避成本方面的内部劣势和外部威胁。

课堂活动4-3

验证创业项目构思

（1）同学们随机分组，每组4～6人。各小组分别选择一个创业项目构思作为分析对象。

（2）小组讨论，根据创业构思的具体情况填写表4-2。

表4-2　SWOT分析表

内部优势（S）：	内部劣势（W）：
外部机会（O）：	外部威胁（T）：

（3）各小组展示汇报结果。

（4）教师进行点评、总结。

课后实践活动

礼品店的创业项目构思

活动目标：理解市场需求调研的意义和方法，能合理评估创业项目构思的可行性。

活动时间：一天。

活动步骤：

（1）现有的礼品店往往产品品种很多，但都大同小异、批量生产，难以体现送礼者的特殊心意。假设你们准备在学校附近开一家礼品店，出售具有个性与独特意义的礼品，把送礼者的心意体现出来。请同学们每4～5人为一组，选出一名小组负责人，明确成员分工和具体任务。小组成员就上述背景资料进行分析讨论，初步提出创业项目构思。

（2）请同学们参考表4-3中的步骤，在校园里进行市场需求调研。调研问卷的设计可参考表4-4进行。

表4-3　调研步骤表

步　骤	具　体　事　项
设计调研计划	确定调研目标和内容 选择调研方法 设计调研问卷 制订抽样计划
实施调研	确定时间、地点，组织人员进行调研
数据整理分析	对获得的数据进行整理 对获得的数据进行分析
撰写报告	以小组为单位撰写书面报告

表4-4　调研问卷设计参考表

方　面	具　体　内　容
购买力	消费者的个人收入水平 消费者的礼品消费支出额占消费支出总额的比重 消费者愿意为创意礼品支付的金额
产品需求结构	创意礼品需求和传统礼品需求占总需求的比例 消费者更喜欢的创意礼品种类
人口结构	消费者的年龄、性别、文化程度和爱好 不同年龄的消费者对创意产品的需求有无不同
购买动机	消费者为什么会购买 消费者注重产品的什么特征，是价格、款式、实用性还是创意
购买行为	消费者对产品的品牌、性能、质量、款式和规格的要求 消费者购买的时间 消费者购买的地点 消费者购买的方式 谁负责购买

（3）请同学们以小组为单位撰写调研报告，制作成PPT。请小组负责人上台进行成果展示。教师进行点评。

（4）请同学们在市场调研的基础上对创办礼品店的创业项目构思进行SWOT分析，填入表4-5。

表4-5　对礼品店创业项目构思的SWOT分析

内部优势（S）：	内部劣势（W）：
外部机会（O）：	外部威胁（T）：

任务三

组建创业团队

学习目标

1. 了解创业团队的优势和创业团队的结构。
2. 能合理开展创业团队的组建，灵活运用创业团队的激励措施。
3. 增强团队合作意识。

导入案例

从唐僧师徒看创业团队角色

唐僧的取经团队是如何分工协作、克服困难，一起走向成功的?

团队中占主导地位的重要角色是唐僧。他是团队中的核心成员，有宏大的理想，坚定、执着地为达成团队目标而奋斗。只有这样的人才能让团队的其他成员信服。唐僧是担任公司的首席执行官(CEO)的绝佳人选，他在团队成员分工、奖惩制度、文化建设等方面表现得相当出色。

孙悟空师从菩提老祖，有过硬的学历背景，还在天庭、花果山有过丰富的工作经验，神通广大，会七十二般变化，无论是刀山火海还是上天入地，任何难关都阻挡不了他。他适合一心研发技术和产品，是公司里可靠的首席运营官(COO)兼首席技术官(CTO)。

猪八戒平时嘻嘻哈哈，但性格圆滑、八面玲珑，特别会做人。猪八戒适合做团队的销售部经理和公关经理，让他去开拓市场、提升销售量是最好的。他能够凭借自己的人格魅力和人际关系把销路打开，对于公司利润的提升有很大帮助。

沙僧似乎不起眼，却起到了调和团队的重要作用。沙僧从来不和其他成员关系不和，每次有人提出想散伙，他都劝大家不要放弃；每次孙悟空与猪八戒、唐僧闹矛盾，也都是他劝架。性格老实、任劳任怨的沙僧担任公司的首席财务官(CFO)和后勤部经理绰绰有余。遥遥取经路上，他精打细算，把行李物品收拾得妥妥当当，解决了大家的后顾之忧。

启示：

唐僧师徒四人各司其职、各显其能，这才取得了最终的胜利。创业团队要有合理的角色分工，成员各司其职、协调配合，才能取得成功。团队成员实现优势互补，能有效突破单个创业者在能力、经验、资源等方面所受到的限制，为创业项目的成功奠定基础。

成功的企业离不开充满战斗力的团队的支撑。团队在创业过程中具有极为重要的意义，它是企业最终成功的重要保证。创业团队管理是一门艺术，如何让团队生存得更长久是每个创业者都应不断思考的问题。

一、创业团队的内涵和优势

创业团队是指由两个或两个以上具有一定利益关系的，通过分享认知和合作共同承担创建新企业责任的有效工作群体。创业团队是一种特殊群体，其工作绩效大于所有成员独立工作绩效之和。创业团队对创业成功具有重要的价值，它是高层管理团队的基础和最初组织形式。

创业团队与一般团队在组建目的、成员职位层次、权益分享、组织依据、影响范围、关注视角、领导方式、组织承诺与契约关系等方面都有显著区别（表4-6）。

表4-6 创业团队与一般团队的区别

项目	创业团队	一般团队
组建目的	开创新企业或者拓展新事业	解决某类或者某个具体问题
成员职位层次	成员多为高层管理者	成员不局限于高层管理者
权益分享	一般情况下成员在企业中拥有股权	成员并不必然拥有股权
组织依据	基于工作原因而经常性地共事	因解决特定问题而临时组建
影响范围	影响组织决策的各个层面	只影响局部性、任务性的问题
关注视角	战略性的决策问题	战术性、执行性的问题
领导方式	以高管层的自主管理为主	受企业最高层的直接领导和指挥
成员对团队的组织承诺	较强	较弱
成员与团队间的心理契约	特别重要，直接影响到企业决策	不正式，且影响力小

创业团队在创业的道路上起着至关重要的作用，其优势主要表现在四个方面。

（1）创业团队是创业的基石。创业不可能由一个人完成，团队是创业企业发展过程中的决定性因素。

（2）创业团队如同一面镜子，可以让创业者看清自己，实现成员之间的互动与彼此促进。

（3）创业团队是企业的关键资本，可以为企业提供人才优势。

（4）创业团队成员彼此扶持，可以让创业之路不再孤单，成员们团结在一起，共同发光发热。

二、创业团队的结构

创业团队大体上可以分为三种：星状创业团队（图4–3）、网状创业团队（图4–4）、虚拟星状创业团队。

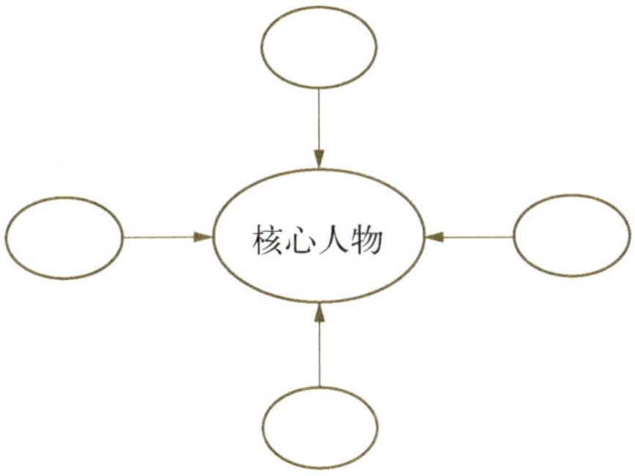

图4–3 星状创业团队

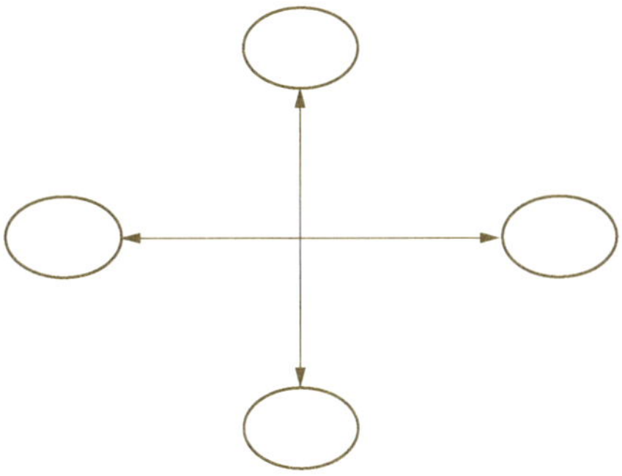

图4–4 网状创业团队

（一）星状创业团队

星状创业团队也称核心主导型创业团队，是指由一个核心成员扮演领军者的角色，其他团队成员扮演支持者的角色的团队。

星状创业团队的优点是稳定性较好；组织结构紧密，向心力强，核心成员在组织中的行为对其他个体影响巨大；决策程序相对简单，组织效率较高。它的缺点是容易形成权力过分集中的局面，使决策失误的风险加大；核心成员的特殊权威使其他团队成员在发生冲突时往往处于被动地位，在冲突较严重时，一般都会选择离开团队，因而对组织的影响较大。

（二）网状创业团队

网状创业团队也称群体型创业团队，主要由志趣相投的伙伴组成。在创业团队组成时，没有明确的核心成员，大家根据各自的特点进行自发的组织角色定位。创业初期，各成员基本上扮演的是协作者或者伙伴角色。

网状创业团队的优点是团队成员间的关系较密切，较容易达成共识，发挥各自的作用；成员的地位相对平等，有利于沟通和交流；发生冲突时，一般采取平等协商、积极解决的态度解决，团队成员不会轻易离开。它的缺点则是团队没有明显的核心成员，整体结构较为松散；组织决策时，一般采取集体决策的方式，组织的决策效率相对较低；成员在团队中的地位相似，容易形成多头领导的局面；一旦某些团队成员离开团队，就容易导致整个团队的涣散。

（三）虚拟星状创业团队

由于星状创业团队和网状创业团队各有优缺点，后来根据二者的形态又演变出了第三种类型，即虚拟星状创业团队。在虚拟星状创业团队中有一个核心成员，但是该核心成员地位的确立是团队成员协商的结果，因此核心成员从某种意义上说是整个团队的代言人，而不是主导型人物，其在团队中的行为必须充分考虑其他团队成员的意见。这样一来，该核心成员具有一定的威信，能够作为团队的领导，这一领导地位是在创业过程中形成的，既不像星状创业团队那么集权，又不像网状创业团队那么分散，而且核心成员的行为必须充分考虑其他团队成员的意见，不像星状创业团队中的核心成员那样有权威。

三 创业团队的组建

（一）创业团队的组建原则

建立优势互补的创业团队是人力资源管理的关键。创业团队的组建原则包括合伙人原则、激情原则、团队原则、互补原则等。

微课

如何组建创业合伙人团队

1. 合伙人原则

一般企业都是招员工，但创业团队需要招的是合伙人，因为合伙人做的是事业，一个人只有把工作当作事业才有成功的可能。

2. 激情原则

激情是衡量一个人能否成功的标准之一。创业团队一定要选择对项目有高度热情的人加入，并且要使所有人在企业初创时就有每天长时间工作的准备。任何人，不管其专业水平如何，如果对事业的信心不足，都将无法适应创业的需求，而这种消极因素对创业团队的其他成员产生的负面影响可能是致命的。创业初期，整个团队可能需要每天长时间不停地工作，这就要求团队成员在高负荷的压力下仍能保持创业的激情。

3. 团队原则

团队是保持企业凝聚力的基础，成败是整体的而非个人的。成员能够同甘共苦，能够公开且合理地分享经营成果，团队就会形成强大的凝聚力与一体感。团队中没有个人英雄主义，成员的价值表现为其对于团队整体价值的贡献。每个成员都应将团队利益置于个人利益之上，让个人利益服从团队利益。

4. 互补原则

建立优势互补的团队是创业成功的关键。“主内”与“主外”的不同人才、耐心的“总管”与具有战略眼光的“领袖”、技术与市场方面的人才都不可或缺。创业者寻找团队成员时，首先要弥补当前资源、能力上的不足，要针对创业目标与当前资源、能力的差距寻找所需要的成员。好的创业团队，成员间通常都能形成良好的互补，而这种互补也有助于强化团队成员间的合作。

（二）创业团队的组建程序

创业团队的组建是一个相当复杂的过程，不同类型的创业项目所需的团队不一样，其创建步骤也不完全相同。企业团队组建的主要步骤有明确创业目标、制订创业计划、招募合适的人员、划分职权和构建制度体系等（图4–5）。

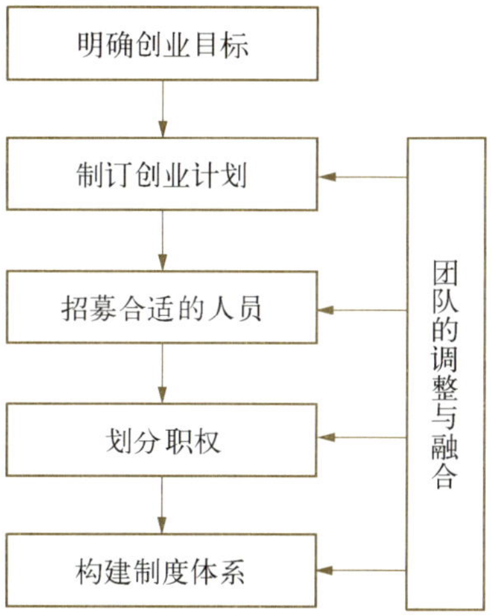

图4–5　创业团队的组建程序

1. 明确创业目标

创业团队的总目标就是通过完成创业阶段的技术、市场、规划、组织、管理等各项工作，使企业从无到有、从起步到成熟。总目标确定之后，为了推动团队最终实现创业目标，应再将总目标加以分解，设定若干可行的、阶段性的子目标。

2. 制订创业计划

在确定总目标及各阶段的子目标之后，就要研究如何实现这些目标，制订周密的创业计划。创业计划是在对创业目标进行具体分解的基础上，从团队整体出发考虑形成的计划，创业计划确定了不同的创业阶段需要完成的阶段性任务，帮助创业者通过逐步完成阶段性任务来最终实现创业目标。

3. 招募合适的人员

招募合适的人员也是创业团队组建中的关键一步。关于创业团队成员的招募，主要应考虑两个方面。一是考虑互补性，即考虑其能否与其他成员在能力或技术上形成互补。这种互补性的形成既有助于强化团队成员间彼此的合作，又能保证整个团队的战斗力，更好地发挥团队的作用。一般而言，创业团队至少需要管理、技术和营销三个方面的人才。只有这三个方面的人才形成良好的沟通协作关系后，企业才可能实现稳定高效的发展。二是考虑适度规模，适度的团队规模是保证团队高效运转的重要条件。团队成员太少则无法发挥团队的作用和优势，太多又可能会产生交流的障碍，团队很可能会分裂成许多较小的团体，进而大大削弱团队的凝聚力。一般认为，创业团队的规模控制在2～12人最佳。

4. 划分职权

为了保证团队成员顺利执行创业计划及开展各项工作，创业者必须预先在团队内部进行职权的划分。创业团队的职权划分就是根据执行创业计划的需要，具体确定每个团队成员所要担负的职责及所享有的相应权限。团队成员间职权的划分必须明确，既要避免职权的重叠和交叉，又要避免无人承担造成工作上的疏漏。此外，由于企业还处于初创时期，创业者面临的创业环境又是动态复杂的，团队成员可能会不断更换，团队成员的职权也应根据需要不断地进行调整。

5. 构建制度体系

创业团队的制度体系体现了创业团队对成员的控制和激励能力，主要包括约束制度和激励制度两部分。

一方面，创业团队通过约束制度（主要包括纪律条例、组织条例、财务条例、保密条例等）约束其成员，避免成员做出不利于团队发展的行为，保证团队的稳定秩序。另一方面，创业团队要实现高效运作还要有有效的激励机制（主要包括利益分配方案、奖惩制度、考核标准、激励措施等），使团队成员能看到随着创业目标的实现，其自身利益将会得到怎样的增强，从而达到充分调动成员的积极性、最大限度地发挥团队成员作用的目的。要实现有效的激励，首先必须把成员的收益模式界定清楚，尤其是关于股权、奖惩等与团队成员利益密切相关的事项。需要注意的是，创业团队的制度体系应以规范化的书面形式确定下来，以免带来麻烦。

微课

管理创业团队的策略和技巧

完美组合的创业团队并不是在创业一开始就能建立起来的，而是在企业创立一段时间以后，随着企业的发展逐步形成的。随着团队的运作，团队组建时在人员匹配、制度设计、职权划分等方面的不合理之处会逐渐暴露出来，这时就需要对团队进行调整。由于问题的暴露需要一个过程，团队的调整也是一个动态持续的过程，要针对企业运行中出现的问题不断地对前面的步骤进行调整，直至满足实践需要为止。在进行团队调整与融合的过程中，最为重要的是要保证团队成员间形成有效的沟通与协作，培养、强化团队精神，提升团队士气。

四　创业团队的激励设计

激励就是强化个人的积极性和主动性，最终达到提升个人绩效和组织绩效的目的的活动。采取有效的激励设计可以提高团队士气。

（一）激励措施

1. 股权激励

股权激励是激励设计中最重要的部分。股权激励是一种长期激励的措施，也是一种潜在回报很高的激励措施。企业的核心命题是价值创造与价值分配，股权激励制度是解决企业价值分配问题的根本性制度。只有让员工成为企业的主人，通过股权激励的方式，让他们觉得是在为自己打拼，企业才能持续发展。

2. 情感激励

加强创业团队成员间的情感沟通，尊重创业团队的每一个成员，可促使大家保持积极的工作状态，工作效率也会更高。

3. 评价激励

创业团队的领导者主要根据业绩对员工进行激励，评价内容主要是员工完成工作的情况。可以将评价结果记录在员工的绩效档案之中，作为今后激励的重要依据。通过这种方式可以增强员工的成就感，并使员工的行为和企业的目标、利益趋于一致。

4. 物质激励

使工作效率提高的最佳手段就是物质激励。利用物质激励员工能够将员工的经济利益和其工作绩效更紧密地结合起来，最大限度地增强员工的工作积极性。

（二）激励原则

（1）团队激励必须是每个成员都有能力争取到的，而不是遥不可及，或者只有少数人才可以得到的。

（2）必须进行公开的激励。如果只有获奖者和他们的直接上司知道激励的结果，激励就失去了它的价值，甚至可能产生相反的效果。

（3）注重物质激励和精神激励相结合，使员工不仅获得切实的奖励，而且树立对企业的认同感。

（4）激励方案要与工作周期相联系。要认识到随着时间的流逝，激励方案要发生变化，并且应该采用不同的激励方式来激励团队中的每一个成员，让他们保持工作热情，为团队做贡献。

课后实践活动

组建最佳创业团队

活动目标：组建最佳团队，加深对组建团队的程序的理解。

活动时间：1小时。

活动步骤：

（1）在班级中选出4～6名同学作为小组负责人。

（2）每位负责人拟一份征集合伙人的广告，包含以下几个方面：① 你是召集人，但不一定是领导者；② 创业的初始目标、计划；③ 你掌握的资源及你需要的资源；④ 所需合伙人的数量和特点；⑤ 你对股权分配、团队管理的设想；⑥ 回报及可能的风险。

（3）小组负责人张贴广告，并进行3分钟的演讲，吸引同学加入你的团队。其他同学自愿加入一个团队。

（4）教师从以下方面分析哪个团队组建得更好：① 团队成员加入的目的；② 团队成员的知识结构；③ 团队成员的个性、兴趣；④ 团队成员的价值观念。教师组织同学们讨论落后小组的改进方案，并做总结。

任务四

形成创业计划书

学习目标

1. 了解创业计划书的特征、内容和撰写原则。
2. 能撰写创业计划书。
3. 认识到创业计划书的重要性。

导入案例

融资失败的小王

小王大学学的是生物工程专业，毕业后，他顺利进入一家新型农业技术公司工作，因为专业对口而且勤奋努力，很快就成为部门的骨干。但是小王一直怀揣着创业的梦想。他发现新型农业技术非常有发展前景。在公司工作了两年后，小王辞去工作，开始自己创业。但是小王很快就发现创业并没有想象中的那么容易，在付过房租、完成企业注册、购买完相应设备后，小王发现手中的资金已经所剩无几，但是还有招聘人员、宣传促销等很多事情没有做，而这些都需要资金。小王想到了风险投资，但是多次与风险投资机构和个人洽谈后都没有实质性的进展。每次会谈，小王都只是凭借三寸不烂之舌强调行业的广阔前景和自身的技术优势，当对方问到市场需求量、一年的预期销售额、盈亏平衡点、投资回报率等问题的时候，小王就无言以对了。

启示：

风险投资机构和个人不愿意投资给小王，原因就是小王没有将企业的情况和综合能力有效展示给对方。创业计划书可以帮助我们解决创业中的这类问题。在创业之前，一定要撰写一份创业计划书，以此来审视你的创业想法。要避免过于乐观，理性、客观地将你的创业设想落实于书面，才能更好地推进你的创业项目。

一、创业计划书的内涵

创业计划书是由创业者准备的一份书面计划，用以描述创办一家企业时所有相关的外部及内部要素，包括对商业前景的展望，人员、资金、物质等各种资源的整合，以及经营思想、战略等，是为创业项目制定的一份完整、具体、深入的行动指南。撰写创业计划书的目的是由此对企业进行自我评估，形成对创业前景更加清晰的认识，并且获得风险投资。

创业计划书非常重要。它可以让创业者对其创业思路进行审慎而全面的分析，让创业者知道自己的设想是否可以实现，市场需求究竟有多大，从这个创业项目中能获得多少回报，自己可能会有什么损失。一份好的创业计划书对于成功地吸引风险投资也是极为关键的。创业企业大多是新设立不久的企业，缺乏有足够说服力的历史数据。对于迫切需要资金的创业者而言，他们要靠创业计划书向风险投资者描绘企业的未来前景。而风险投资者面对大量的潜在可行的创业项目时，也只能根据创业者的创业计划书和创业者的推介来做出选择。因此，创业计划书是创业者和风险投资者沟通的第一载体。一份优秀的创业计划书往往被称为初创企业吸引风险投资的“敲门砖”。

创业箴言

计划的制订比计划本身更为重要。

——戴尔·麦康基

二、创业计划书的特征

（一）预见性

不论个人还是组织都必须在对未来进行充分估计的基础上行动。因此，运用科学的方法对未来进行的预测应是创业计划书的基本组成部分。

（二）可行性

没有具体的行动，创业就是一句空话。创业计划书既指出了要达到的目标，又指出了要遵循的路线、经历的阶段和使用的手段。如果创业计划书失去了可行性，就会失去指导行动的功能。

（三）灵活性

创业计划书应是相当灵活的，能根据人们认识的深化而调整。创业计划书的灵活性越大，偶发事件造成损失的风险就越小。另外，在创业的不同阶段，对创业计划书的要求也是不同的。一般来说，在创业的初期，计划要更具有指导性；在创业的成长期，计划要更为具体详细；在创业的成熟期，要有长期的、具体的战略发展计划。

三、创业计划书的撰写

（一）创业计划书的结构

创业计划书虽然没有固定的格式，但是一定要包括创业者的创业目的、对创业企业和环境的描述、创业团队、创业项目的风险和回报分析等重要内容。创业计划书可以为创业者描绘一幅完整的创业蓝图，在具体撰写时，可以根据创业项目选择适合自己的创业计划书格式。

微课

如何撰写创业计划书

创业计划书从结构上大致分为以下三个部分。

1. 形式部分

形式部分包括封面、扉页、目录等，这是创业计划书的外包装。其中，封面通常包括企业的名称、邮箱及通信地址、日期等。

2. 主体部分

这是创业计划书的主要部分，包括以下十个方面的内容。

（1）市场因素。市场因素包括：① 企业所处的行业，企业经营的性质和范围；② 企业主要产品的内容；③ 企业的市场在哪里，谁是企业的顾客，他们有哪些需求；④ 企业的合伙人、投资人是谁；⑤ 企业的竞争对手是谁，对企业的发展有何影响。

（2）项目介绍。项目介绍主要包括项目的基本情况、产品或服务的基本内容。

（3）市场分析。市场分析主要介绍产品或服务的市场情况，包括目标市场的基本情况、市场的未来发展趋势、市场规模、目标客户等。要说明企业拥有多大的市场，目标市场份额有多大，目标客户是谁，五年内的生产计划、发展规模如何。

（4）行业分析。行业分析主要介绍企业所属的产业领域的基本情况、行业的未来发展趋势、目标客户的购买力等。它包括：① 该行业的发展程度如何，现在的发展动态如何；② 社会经济发展对该行业的影响程度如何；③ 哪些因素决定着该行业的发展；④ 进入该行业的障碍是什么，如何克服；⑤ 针对竞争，应采取什么样的策略。

（5）营销战略与策略。营销战略与策略主要介绍企业的发展目标、发展策略、发展计划、实施步骤、整体的营销战略及风险因素分析等。它包括：① 市场机构和营销渠道；② 营销队伍和管理人员；③ 促销计划和广告策略；④ 价格策略。

（6）团队情况。团队情况主要介绍管理理念、管理结构、管理方式、管理人员的基本情况等。企业的管理人员应该是互补的，要介绍他们所具备的优势、在企业中的职务和责任，同时，还要对企业的组织结构做出简要介绍，包括：① 企业的关键人物（创建者、董事、经理、主要雇员等）；② 企业共有多少员工；③ 管理团队的优势与不足；④ 人才战略与激励制度。

(7)财务分析。财务分析主要是对企业未来五年的盈利和成本进行的估算,包括销售估算表、成本估算表、利润表、现金流量表、投资回报率等。创业计划书要说明创业工作需要的财务总预算,主要介绍需要资金的数额、融资方式和使用规划,产品的原材料价格等。它包括:① 预计的风险投资数额;② 投资收益和再投资的安排;③ 投资资金的收支安排及财务报告;④ 投资者介入企业经营管理的程度。

(8)产出状况。产出状况主要告诉投资者投资策略、预计回报数额和时间表等。

(9)风险分析。风险分析主要介绍企业将来会遇到的各种风险,以及如何应对。它包括:① 企业在市场、竞争、技术等方面面临哪些基本风险;② 企业准备怎样应对这些风险;③ 企业面临哪些新的机会。

(10)结论性概括。

3. 补充部分

补充部分是对主体部分的补充,在创业计划书中称作附录或附件。由于篇幅的限制,有些内容不宜在主体部分过多描述,如参考资料,可以将这些内容一并放在附录部分,供投资者参考。

(二)创业计划书的撰写原则

创业计划书的读者是投资者、团队成员和合作方等。因此,一份好的创业计划书应该让以上对象对企业的产品或服务有明确的认识,并能向他们展示企业的亮点,必须真实呈现企业的实际情况、核心竞争力和创业团队情况。

1. 循序渐进,逻辑性强

创业计划书包含的内容非常多,在创业计划书的撰写过程中要注意逻辑性,循序渐进,避免杂乱无章、前后不一致。

2. 目标明确,优势突出

优秀的创业计划书一定要有一个明确的目标,能够呈现出项目的具体优势,不必面面俱到,但一定要抓住核心。以下几点能够帮助我们明确创业目标,突出项目优势。

(1)突出产品或服务的核心价值,让投资者相信产品或服务的发展空间。

(2)写明目标市场规模,让投资者看到预期销售前景。

(3)分析竞争对手,阐明自己在竞争态势中的位置,让投资者相信自己是行业中的有力竞争者并能成为行业中的领先者。

(4)介绍企业的运营模式和盈利途径,让投资者对风险的担心降到最低。

(5)描述整个创业团队和管理团队的职责与目标,让投资者从你的创业团队成员身上看到企业的未来。

3. 内容真实,体现诚意

创业计划书要体现项目的真实情况,包括企业可能面临的风险。优势与不足同在,任何一家企业都是如此。因此,在具体成文时,创业者一定要明确指出企业的市场机会、竞争威胁、潜在风险,并尽量以具体资料为依据。要说明可能的解决方法,绝不能含糊交代。同时,对所采用的假设、预估、会计处理方法等也要说明。

4. 要素齐全，内容充实

创业计划书的内容和格式不是千篇一律的，但无论哪种项目的创业计划书都要包含这些方面的内容：摘要、产品或服务、竞争、市场、营销、经营、组织、财务。

微课

制作路演PPT

5. 结构严谨，风格统一

一份创业计划书通常由多人合作完成，这就难免存在体例不一、风格迥异、结构松散等问题。为了创业计划书的完美，最后应由创业团队中的某一人统一定稿。

6. 详略得当，篇幅适当

不能因为创业者熟悉哪些方面就详细叙述哪些方面，也不能因为某些方面容易驾驭就将其作为重点。创业计划书的读者可以是投资者，可以是银行，也可以是企业内部人员，不同的目的也会使创业计划书的重点有所不同。因此，创业计划书的撰写一定要把握适度原则。在一般情况下，要着重强调企业的优势和能持续盈利的原因。

拓展链接 4-3 创业计划书的评价

创业计划书涉及的创业项目、创业环境、创业团队等方面都存在差异，所以要想对创业计划书的优劣进行准确评价非常不容易。目前，投资者和创业大赛的评审多采用量化打分的方式来评价创业计划书。创业者可以参考以下创业计划书的评价体系（表 4-7）对创业计划书进行自评。

表 4-7 创业计划书的评价体系

评价指标	评价标准
摘要	简明扼要，有特色
产品或服务	能够满足关键客户需求、适应市场
竞争	分析行业内现有及潜在的竞争者，能提出应对策略
市场	了解市场变化趋势及潜力，能预估市场份额和销售额
营销	能构建合理的促销渠道，提高市场占有率
经营	材料的供应、设备的运行、人力的安排等均准确、合理、可操作
组织	团队成员分工明确，做到优势互补
财务	能体现资金流量、变动情况及持久性发展状况
总体评价	条理清楚，重点突出，数据准确

课后实践活动

创业计划书结构的修改

活动目标：掌握创业计划书的结构，了解如何合理撰写创业计划书。

活动时间：1小时。

活动步骤：

（1）了解活动背景。

某高职院校学生小张参加了大学生创新创业大赛，并提交了一份创业计划书。他的项目是自助打印设备，为学生提供价廉物美的打印服务，创业计划书的内容包括产品介绍、行业分析、营销策略、收益分析，但指导老师认为他的创业计划书还存在很大的问题。

（2）每4～6名同学为一组，请各小组结合所学知识，帮助小张修改一下他的创业计划书结构。

（3）请每个小组派一名代表说说本组的修改建议。

（4）教师总结、点评。

任务五

规避创业风险

学习目标

1. 了解创业风险的概念与类型。
2. 能够分析创业风险，掌握基本的风险控制方法。
3. 树立创业风险防范意识。

导入案例

百度的融资经验

百度公司进行创业融资时，创业团队制订了100万美元的融资计划。很快就有好几家公司看中了百度的技术和团队，愿意为他们投资。百度团队选择了半岛资本。半岛资本的合伙人问百度团队："你们说自己的技术了得，有什么办法让我们相信？"百度团队通过电话沟通，成功地让半岛资本的合伙人打消了顾虑。其后，半岛资本联合明德投资，联手向百度投资了120万美元。

明德投资还为百度引来了第二轮融资的领投者德丰杰全球创业投资基金。德丰杰随即对百度展开了审慎的调查。德丰杰的负责人说："那段时间，我们大都在晚上去实地考察百度。透过它的灯光，我们看到这家企业闪现着硅谷式的创业精神。"而另一家创业投资巨头IDG决心投资百度，是因为发现百度团队非常关注怎么去找到优秀的技术人员和管理人员。投资谈判过程相当顺利，德丰杰联合IDG向百度投资了1 000万美元。

启示：

创业融资是创业企业根据自身发展的要求，结合生产经营现状、资金需求等，通过科学的分析和决策，借助企业内部或外部的资金来源渠道筹集生产、经营和发展所需资金的过程。创业企业在进行创业融资时，要做到以下四点：做好融资成本与效益的分析，把握合理的融资结构及控制权，选择与企业的成长阶段相匹配的融资方式，确定适度的融资规模及融资期限。

一、认识创业风险

(一)创业风险的概念

创业风险是指创业者、创业团队和投资者的能力和实力有限,创业环境具有不确定性而导致的创业活动在实施过程中逐渐偏离创业预期目标的可能性。

> **创业箴言**
>
> 不要控制失败的风险,而要控制失败的成本。
>
> ——罗伯特·库珀

(二)创业风险的类型

1. 按照风险的性质划分

(1)纯粹风险。纯粹风险是指只有损失的可能性,没有获利的可能性的风险。它导致的结果就是损失。例如,地震、海啸等各种自然灾害,战争等各种人为灾害造成的风险都属于纯粹风险。

(2)投机风险。投机风险是指损失的可能性和获利的可能性都存在的风险。它导致的结果有损失、无损失、获利三种。例如,商品价格的波动、各种投资行为等造成的风险都属于投机风险。

2. 按照风险的状态划分

(1)静态风险。静态风险主要是指在社会政治经济环境稳定的状态下,自然界的可控变化或是人为的错误行为导致的风险。它导致的结果主要是经济损失,没有意外的获利,属于无法回避的风险。例如,洪水等自然灾害、工伤等人为意外事故造成的风险,这些都属于静态风险。

(2)动态风险。动态风险是指与社会变动有关的风险,主要是经济、政治、技术、组织机构发生变动而产生的风险。通货膨胀、汇率风险、罢工、暴动、消费者偏好改变、国家政策变动等造成的风险均属于动态风险。

3. 按照风险的来源划分

(1)主观风险。主观风险主要是指创始者在创业初期思想意识、心理素质等主观因素的变化导致失败的可能性。例如认知与现实偏离造成的风险。

(2)客观风险。客观风险主要是指在创业初期,政策、市场、资金等客观因素的变化导致失败的可能性。例如政策变化、市场变动、资金缺失造成的风险。

4. 按照风险的影响范围划分

(1)系统风险。系统风险主要是指外部的社会环境、经济环境、政治环境等发生了创业者难以控制的变化而导致的风险。此类风险对企业的影响程度不一,例如,商品、资本市场的变化造成的风险属于系统风险。

（2）非系统风险。非系统风险主要是指企业本身的商业、财务活动变化导致的风险。这类风险因企业自身的不确定性而产生，可以进行预防与分散。例如，团队风险、技术风险、财务风险等都属于非系统风险。

5. 按照风险在创业过程中出现的环节划分

（1）机会识别与评估风险。机会识别与评估风险主要是指在创业机会识别与评估的过程中受信息缺失、推理偏离方向、处理不当等各种因素影响导致的方向选择错误和决策失误的风险。例如，没有了解某种产品在市场中的分布情况及竞争对手情况而盲目进行开发所导致的风险就是机会识别与评估风险。

（2）团队组建风险。团队组建风险是指在团队组建过程中选择成员不当或缺少合适的成员而导致的风险。例如，创业团队中缺少技术专家造成的风险就是团队组建风险。

（3）创业资源风险。创业资源风险主要是指资源缺失，又无法获得资源，或者获取资源的成本过高而给创业企业带来的风险。例如，野生鱼庄所需的野生鱼缺货或成本过高造成的风险就属于创业资源风险。

（4）创业计划风险。创业计划风险主要是指在创业计划的制订过程中没有考虑到不确定性因素，或者创业者自身能力有限而导致的风险。例如，对市场需求缺乏调查、仅凭估计造成的风险就属于创业计划风险。

（5）企业管理风险。企业管理风险主要是指在企业经营过程中由管理模式、管理方法等因素造成的风险。例如，盲目扩大组织规模、拖欠员工工资造成的风险属于企业管理风险。

二 大学生常遇到的创业风险

大学生在创业中常遇到的创业风险有如下几种。

（一）创业项目选择风险

选择的创业项目不当导致企业无法盈利，继而难以生存的风险就是创业项目选择风险。目前，大学生的创业项目选择多集中在互联网等高科技领域、连锁加盟领域、服务领域等。如果在创业初期缺乏市场调查论证，不结合自身能力和掌握资源状况，靠兴趣和想象来选择创业项目，在创业过程中势必会出现很多问题，最终走向失败。

（二）技能不足风险

大学生在阅历、心理等方面尚未成熟，眼高手低是普遍存在的现象。创业是一项复杂的系统性工程，我们在创业时，容易出现想法理想化、对困难预估不足、迷失方向等问题。

（三）环境风险

任何活动都脱离不了环境，创业活动也是如此。任何企业或个人都处在一定的社会环境、经济环境、政治环境中，环境发生了变化，对身处其中的企业或个人也会产生一定的影响，这种变化往往是大学生创业者无法预料到的。

（四）资源风险

微课

掌握常见的创业风险及对策

这里所说的资源主要是指社会资源。社会资源越广泛，初创企业获得成功的概率就越大。企业作为社会的一部分，需要与各方面的社会资源建立联系，各方面的业务工作也需要足够多的社会资源的支持。大学生的社会资源相对较少，因此，当大学生实施创业时会在很多方面遇到困难，并可能为此耗费大量的精力、物力和财力。

（五）财务风险

财务对于创业来说至关重要。财务风险主要是指不能及时筹集资金而导致创业陷入困境或失败的可能性，其贯穿创业活动的整个过程。足够的资本规模能够保证企业的投资需要；合理的资本结构能够降低或规避融资风险；融资方式的合理搭配能够降低资金成本。银行贷款、风险投资、股权融资等渠道的资金需要有一定的资质和担保才能够获得，这对于大学生而言是很困难的。假如没有足够多的流动资金，会导致创业在初期即失败。

（六）管理风险

创业企业管理不仅需要知识，更需要在日常工作中日积月累形成的经验。管理风险主要是指在创业管理过程中信息不对称、管理不妥当、决策失误等导致的创业失败的风险。大学生虽然经历过创业方面的教育和培训，但是很多知识来源于书本，容易纸上谈兵，管理理念淡薄，市场营销模式落后，信息获取滞后，增加了管理风险。

三　创业企业的风险控制

风险控制是针对创业企业中存在的风险因素，在进行风险识别和评估的基础上，采用不同的风险控制方法，减小风险暴露、降低损失概率和损失幅度的活动。常见的风险控制方法包括风险回避、风险防范、损失抑制、风险因子管理等。

（一）风险回避

风险回避是结合影响目标达成的相关因素，考虑到决策者的风险偏好和承受能力，终止决策或者调整决策方案的风险控制方法。它的意义在于有意识地避免某些特定的风险，尽量将风险发生的概率降低。

风险回避是一种简单的风险控制方法，一般在事前或事中使用，是一种较为消极的方法。在开始之前就放弃某活动可以避免开展该活动带来的风险，或者在执行过程中变更某计划，可以避免继续实施该计划可能带来的损失，这种情况属于事前回避。如果企业已经开始某项活动并造成了损失，由于没有合适的补救措施，便将这项活动终止以免继续产生损失，这种情况属于事中回避。

风险回避常用的具体方法有剥离、禁止、终止、锁定、筛选和消除。

1. 剥离

剥离指通过采取退出某市场或地区，出售、清算或分离某产品类别或业务等措施剥离资产。

2. 禁止

禁止指以适宜的企业政策、风险限额架构及标准禁止企业从事风险性大，或会产生财务损失和资产缺口的活动和交易。

3. 终止

终止指企业通过重新确立目标、调整战略和政策、改变资源配置方向，终止某些已在进行的活动和交易。

4. 锁定

锁定指企业增强业务发展和市场扩张的针对性，避免追逐偏离企业战略的机会。

5. 筛选

筛选指企业通过对资本项目和投资活动进行筛选，回避低收益、偏离企业战略或高风险的资本项目和投资活动。

6. 消除

消除指通过规划和实施内部预防流程，从源头消除风险，使风险事件的发生概率降低。

（二）风险防范

风险防范是在风险发生之前就通过调整或重组等方式改变企业经营过程中的某些方面，以预防和分散风险的活动。

1. 机会选择风险的防范

机会选择风险的防范是指在创业准备阶段对创业的风险和收益进行全面衡量，对各个创业机会进行比较，对目前的创业环境和自己的生涯规划进行权衡、分析，正确选择创业机会的活动。

2. 人力资源风险的防范

人力资源风险的防范主要是通过一些具体管理措施来实现的，如：不断提高自身素质，让自己的知识、能力与创业活动匹配；采取沟通、协调、激励、奖惩、评价等多种手段管理团队，并在不同的阶段采取相应的管理手段对团队成员进行绩效评价；招聘具有良好职业道德和团队合作意识、技能与岗位需求相匹配的员工，并明确其权利和义务。

3. 技术风险的防范

技术风险的防范主要是指采取加强技术创新方案的可行性论证、建立灵敏的技术信息预警系统等手段，减小技术开发和选择的盲目性，达到预防技术风险发生的目的的活动。技术风险防范的常见措施主要有：组建技术联合开发或创新联盟，分散技术创新风险；提高企业技术系统的活力，降低技术风险发生的可能性；重视专利申请、技术标准申请等措施的采用，采用法律方式降低损失出现的可能性。

4. 管理风险的防范

管理风险的防范是指通过一定的管理方法和手段提高管理质量，降低管理失误带来损失的可能性的活动。常见的防范措施有：提高团队成员素质，使其树立诚信意识，在此基础上做好决策层建设，建立适合企业发展的组织机构；合理分配执行权力，使民主决策与集权管理相统一，避免让家族式管理影响企业发展；明确决策目标，完善决策机制，减少决策失误。

5. 财力风险的防范

创业企业在财力风险方面的防范需要从以下几个方面去考虑：

（1）合理估计创业所需资金，避免资金筹措不足，影响企业的成长和持续发展；

（2）用心维护创业者自身和企业的信用，提高获取资金的成功率；

（3）权衡长远发展和当前利益之间的关系，合理设置财务结构，通过合适的渠道获取资金；

（4）时刻关注现金流，避免现金流短缺造成财务困难或破产清算。

（三）损失抑制

损失抑制是指在事件发生的当时或者之后采取措施缩小损失范围或降低损失程度的活动。在现实情况下，完全避免损失是不可能的，所以，创业者必须考虑风险事件发生后能采取的损失抑制措施。这类风险控制方法一般用于发生难以控制的外部事件时。

1. 制订应急计划

制订应急计划是指通过事先制订的防范方案针对可能造成企业经营异常的小概率事件采取措施，确保企业在风险发生后能够迅速恢复正常运行，从而降低客户关系、企业信誉等方面的损失的活动，比如针对各种突发事件建立应急预案。

2. 危机管理

危机管理是指管理者通过分析危机相关信息，发挥计划、组织、控制等职能作用最大限度降低企业及相关利益者的各种损失，保障企业安全、持久运行的活动，比如遭遇洪水之后企业的抢救、恢复生产工作。

3. 风险隔离

风险隔离是指将风险整体分割成多个小单位风险模块，通过对各个小单位风险模块的控制来实现降低整体风险的损失的目的的活动。风险隔离还能够提高企业对未来风险损失预测的准确程度，以此达到控制风险的目的。

4. 风险组合

风险组合是指通过兼并、扩张、联营，将多个原来各自独立的风险单位集合于同一企业之下，通过增加同类风险单位的数目来提高未来损失的可预测性，以达到降低风险的目的的活动。

（四）风险因子管理

风险因子管理是指通过降低风险因素的水平、改变其分布或调整企业对风险因素的敏感度等方式来调整可能造成损失的风险因素的活动。这种方法既可以降低损失频率，又可以降低损失程度。常见的方法有质量管理、员工筛选和培训、企业风险文化管理等。

1. 质量管理

质量管理是指通过改变企业经营过程中投入与产出的质量、相关性、灵活性、可靠性、连续性等方面管理企业经营和资源方面的风险的活动。

2. 员工筛选和培训

员工的筛选标准是员工特点与工作特点相匹配。企业可以通过对拟录用者需要完成的工作任务进行分析，或参考以往胜任能够工作的员工的素质和具体表现来对其进行有效筛选。企业可以通过对员工进行风险管理方面知识的培训，增强员工的风险防范意识，提升员工识别和管理风险的能力。

3. 企业风险文化管理

企业可以向各级员工强调树立风险意识的意义，保证每一个员工都学会辨识企业面临的风险，可以思考风险带来的后果，并及时传达风险信息，引起他人注意。良好的企业风险文化管理既可以提高企业的生产力，又可以降低企业的经营风险。

案例 4-4

爱彼迎与创业风险的博弈

爱彼迎的创始人是布莱恩·切斯基和乔·吉比亚。他们最初的想法是让人们能够在旅行时更方便地找到住处。他们提出让家中有空房的人将房间出租给游客，以此减少游客住酒店的成本，同时增强游客的旅行体验。他们的这个想法很快引起了人们的关注，爱彼迎应运而生。

然而，挑战也接踵而至。首先是法律风险。在许多地方，私下提供民宿和短租服务并不合法，这导致爱彼迎受到了一些处罚，业务也受到了影响。其次是竞争风险。随着时间的推移，许多竞争对手进入了这个市场。这些竞争对手有更好的资源和更大的规模，给爱彼迎带来了巨大的压力。最后是安全风险和服务质量风险。游客财物被盗的事件时有发生，房东的服务质量也参差不齐，给不少游客带来了不好的体验。

由于这些风险因素的影响，爱彼迎遇到了资金不足的问题，也收到了大量投诉和差评，业务开始下滑。这些风险最终导致了爱彼迎的失败。2021 年，爱彼迎被纳斯达克摘牌。这家曾经引领共享经济潮流的公司最终没有打破创业风险的魔咒。

课后实践活动

服装店的风险规避

活动目标：了解企业经营过程中可能出现的风险及风险控制的方法。

活动时间：30分钟。

活动步骤：

（1）假设邵娜同学加盟了一个服饰品牌，准备开办一家自己的服装店。品牌总部会为她提供培训和服饰配货服务，选址、店铺装修、销售则由邵娜负责。她从父母和亲戚、朋友处共筹得了15万元作为创业资金，其中5万元用于支付房租，3万元用于装修，2万元用于办公用品的购置，剩余5万元用于日常经营。请同学们每6～8人为一组，经过讨论后，列出邵娜的服装店在经营中可能会面临的风险。

（2）各小组分别从列出的风险中选出最重要的5种，讨论其规避措施，为邵娜提供一份风险规避计划。

（3）各小组分别派一名代表发言，教师总结、点评。

任务六

认识“互联网+”创业

学习目标

1. 了解“互联网+”的时代背景和特征，了解“互联网+”创业的商业模式、盈利模式。

2. 学会设计商业模式，能灵活运用“互联网+”创业的营销模式，能识别“互联网+”传统项目的创业机会。

3. 意识到“互联网+”创业的价值，深化对“互联网+”创业的认识。

导入案例

叶宁：大海就是我的创业舞台

图4-6　叶宁(中)在与同事讨论工作

叶宁(图4-6)出生在余姚，一个靠海却又不能经常看到海的地方，这让他从小就对大海有莫名的向往。一次偶然的机会，叶宁从渔民口中得知，海上未覆盖移动信号，由于海事卫星提供的宽带服务价格比较高，渔民舍不得用，手机在海上便成了摆设，遇到恶劣天气时，家里人联系不上他们，只能干着急。当时，北斗卫星亚太区域组网已经完成，即将向民用开放，叶宁随即想到：能不能基于北斗卫星系统做一个通信产品，解决手机在海上无信号的难题？凭借一台设备、一个大胆创新的念头，叶宁迈出了探索的第一步。在宁波创业项目大赛上，叶宁的项目“海上鲜”被奉化创投基金相中，次年就获得了500万元的投资。没过多久，“海上Wi-Fi”就开始在宁波的一些渔船上批量安装。

产品推出后，一位投资人给叶宁算了一笔账：如果仅仅按照这个模式，“海上鲜”只能成为一个“海上Wi-Fi”的设备供应商。他的话给了叶宁很大的启发。叶宁决定深入了解那些常年待在海上的人真正需要什么。在大量走访后，他发现了更大的“痛点”：捕捞上来的渔获无法快速卖出，这让渔民与船主十分头疼。彼时，海鲜交易的互联网渗透率不高，依赖传统的中间商、渔业经纪人，中间手续多，周期长，渔民收益较低，因为层层倒手，渔获的新鲜度与食品安全也得不到保障。叶宁决定开发“海上鲜”手机App，搭建一个海鲜B2B（企业到企业）交易平台，让“海上鲜”扮演信息经纪人的角色，引导渔民发布渔获捕捞信息，帮助渔民直接对接海鲜采购方，撮合交易。现在，渔民只需要在“海上鲜”平台上动动手指，渔获到港后就可以及时交易，还可以按照订单捕捞，降低了买卖双方的贸易成本和时间成本。除了线上交易，渔民还可以通过手机下单预约，提前安排加冰、加油服务。

除此之外，5G、区块链等最新科技也被叶宁相中，应用到了“海上鲜”平台上。“海上鲜”的智能监管仓技术，将传统冷库打造成了依靠大数据管理的共享冷库。全国有多少冷库，冷库里有多少存货，每个托盘在什么位置，都能一目了然。哪怕托盘产生了小幅度的位移，叶宁也能第一时间收到信息。

凭借互联网的力量，“海上鲜”不断创新商业模式。谈到未来的规划，叶宁踌躇满志：要搭建更高效的开发平台，降低成本，建立起海洋渔业的全产业链，为渔业升级、渔村振兴、渔民致富贡献智慧和力量。

（资料来源：竺佳，创建一站式数字渔业服务平台，叶宁：大海就是我的创业舞台，浙江日报）

启示：

随着社会进步和科技发展，互联网领域会产生很多新的市场机会，但这些机会具有很强的时效性，随着环境的变化，这些机会很可能消失。创业者必须具有勇于创新、勇于突破的素质，还要具有冒险精神和战略思维；要积极把握互联网领域的市场机会，选择好目标客户，并做好市场定位。

一 “互联网+”的时代背景及特征

（一）“互联网+”的时代背景

“互联网+”是指创新2.0下的互联网发展的新业态，也是知识社会创新2.0推动下的互联网形态演进及其催生的经济社会发展新形态。“互联网+”是互联网思维的进一步实践成果，正推动经济形态不断演变，从而带动社会经济实体的发展，为改革、创新、发展提供广阔的舞台。

通俗地说，“互联网+”就是“互联网+各个传统行业”，但这并不是简单的二者相加，而是利用信息通信技术和互联网平台，让互联网与传统行业进行深度融合，创造新的发展生态。它代表一种新的社会形态，即充分发挥互联网在社会资源配置中的优化和集成作用，将互联网领域的创新成果深度融入各领域，提升全社会的创新能力和生产力，形成更广泛的以互联网为基础设施和工具的经济发展新形态。

“互联网+”具体可分两个层次来表述。一方面，“+”代表着添加与联合，这表明了“互联网+”的应用范围为互联网与其他传统产业，使互联网与传统产业进行联合和深入融合。另一方面，“互联网+”作为一个整体概念，其深层意义是通过传统产业的互联网化完成产业升级，将开放、平等、互动等互联网的特性融入传统产业，改变传统产业的生产方式、产业结构，增强经济发展动力，促进国民经济健康有序发展。

（二）“互联网+”的六大特征

活动视频

认识“互联网+”创业

1. 跨界融合

“+”就是跨界，就是变革，就是开放，就是重塑、融合。敢于跨界，创新的基础才会更坚实；融合协同，群体智能才能实现，从研发到产业化的路径才会更垂直。融合也包括身份的融合，如将客户转化为投资伙伴，使之参与创新。

2. 创新驱动

原来粗放的资源驱动型增长方式难以为继，我们必须转变到创新驱动发展这条正确的道路上来。这正是互联网的特质。以互联网思维求变、自我革命，更能发挥创新的力量。

3. 重塑结构

信息革命、全球化、互联网业已打破原有的社会结构、经济结构、地缘结构、文化结构。权力、议事规则、话语权不断发生变化。“互联网+”社会治理、虚拟社会治理会与传统社会治理有很大的不同，从而重塑社会结构。

4. 尊重人性

人性的光辉是推动科技进步、经济增长、社会进步、文化繁荣的最根本的力量，互联网的强大力量源于它对人性最大限度的尊重、对人的创造性的重视。UGC（用户生成内容）、卷入式营销、分享经济等都体现了这一点。

5. 开放生态

生态本身就是开放的。推动“互联网+”的发展，其中一个重要的方向就是把过去制约创新的环节打破，把孤岛式创新连接起来，让研发由市场驱动，让创业者有机会实现自身的价值。

6. 连接一切

连接是有层次的，可连接性、连接的价值是有差异的，但连接一切是“互联网+”的目标。

二　“互联网+”创业的商业模式

商业模式就是创造和传递客户价值、企业价值的系统，它包括四个内容：客户价值主张、盈利模式、关键资源和关键流程。通俗地讲就是：第一，你能给客户带来什么价值；第二，给客户带来价值之后你怎么赚钱；第三，你凭借什么资源和能力实现前两点；第四，你如何实现前两点。简单地说，商业模式就是企业赚钱的方式。

“互联网+”创业的商业模式是通过入口级产品获取用户，把握网络流量，然后利用流量来获取利润的模式。“互联网+”创业的商业模式互动性更强，能让企业获得更大的优势。“互联网+”创业商业模式的核心就是流量，传统的商业模式强调实体流量，“互联网+”创业商业模式则强调网络流量。

互联网商业模式的分类如下。

（一）“工具+社群+电商/微商”商业模式

互联网的发展使信息交流越来越便捷，志同道合的人更容易聚在一起，形成社群，同时将星星点点的分散需求聚拢在一个平台上，形成共同的、有一定规模的需求。在这样的背景下，“工具+社群+电商/微商”商业模式兴起，针对社群提供有针对性的产品或服务。如微信，它最开始是一个社交工具，形成拥有海量用户的社群后，微信又添加了支付、电影票购买、手机话费充值等商业功能。

（二）长尾型商业模式

长尾概念由克里斯·安德森提出，描述了企业从面向大量用户销售少数拳头产品到销售数量庞大的利基产品的转变。虽然每种利基产品都只产生小额销售量，但该模式的销售总额可以与传统的面向大量用户销售少数拳头产品的销售模式媲美。长尾型商业模式通过C2B（消费者到企业）的方式实现大规模个性化定制，核心是“多款少量”。所以，采用长尾型商业模式需要企业具有较低的库存成本和强大的平台，并使得利基产品对于有兴趣的用户来说容易获得。

（三）跨界商业模式

互联网企业通过减少中间环节、减少所有渠道不必要的损耗、减少产品从生产到来到用户手中所需要经历的环节提高效率、降低成本。因此，对于互联网企业来说，只要抓住传统行业价值链条中的低效或高利润环节，利用互联网工具和互联网思维重新构建商业价值链，就有机会获得成功。

案例 4-5

海尔的“以智跨界”策略

2024年6月，“中国有约·相约山东”2024年国际媒体采访团走进海尔集团总部。首先映入眼帘的就是对海尔的前身——青岛电冰箱总厂的介绍。凭借“以智跨界”的策略，海尔这棵“小幼苗”如今已成长为拥有35个工业园、143个制造中心，脚步遍及全球的“参天大树”。

2017年，海尔集团推出工业互联网平台“卡奥斯”，推动工业大规模制造迈向更智能、更高效的大规模个性化定制。海尔在研发上，改“瀑布式”为“迭代式”；在制造上，由“按计划大批量生产”转为以用户需求为先的大规模个性化生产；在营销上，以“精准交互”替代“推销产品”。如今，这一平台已链接企业90万家，覆盖15个行业，服务企业16万家，仅2023年就赋能青岛市企业5 000家，新增产值350亿元。除此之外，“卡奥斯”工业互联网赋能还正逐步辐射到济南、淄博、东营等多个山东省城市，让山东这一工业大省由“中国制造”加速迈向“中国智造”。

（四）免费商业模式

“互联网+”时代是一个信息过剩的时代，也是一个注意力稀缺的时代，怎样获取有限的注意力成为“互联网+”时代的核心命题。互联网企业最重视的就是流量，有了流量，才能以此为基础构建自己的商业模式。很多互联网企业以免费的产品或服务吸引用户，再将新的产品或服务提供给不同的用户。互联网企业颠覆传统企业的常用做法就是在传统企业赚钱的领域实现免费，从而彻底把传统企业的客户群带走，继而将之转化成流量，再利用延伸价值链或增值服务实现盈利。

（五）O2O商业模式

移动互联网产生地理位置信息带来了一个崭新的机遇，就是O2O（从线上到线下）商业模式。二维码是从线上到线下的关键入口，可以将后端蕴藏的丰富资源带到前端。

O2O商业模式简单理解就是线上交易、线下体验消费的商业模式，主要包括两种场景：一是从线上到线下，用户在线上购买或预订服务，再到线下实地店享受服务；二是从线下到线上，用户在线下实体店体验并选好产品，然后通过线上下单购买产品。O2O商业模式的核心价值就是充分利用线上与线下渠道各自的优势，让用户实现全渠道购物。线上渠道的价值在于方便、随时随地，并且品类丰富，不受时间、空间的限制。线下渠道的价值在于商品看得见、摸得着，且即时可得。

（六）平台商业模式

互联网的世界是无边界的。平台商业模式的核心是打造足够大的平台，使产品更加多元化和多样化，更加重视用户体验和产品的闭环设计。互联网平台是开放的，可以整合全球的各种资源，让所有的用户都参与进来，实现企业和用户之间的零距离接触。

在互联网时代，用户的需求变化越来越快、越来越难以捉摸，单靠企业自身所拥有的资源和能力很难快速满足用户的个性化需求，这就要求打开企业的边界，建立一个更大的商业生态网络来满足用户的个性化需求。平台可以以最快的速度汇聚资源，满足用户多元化的个性化需求。所以，平台模式的精髓在于打造一个多方互利共赢的生态圈。

三、"互联网+"创业的盈利模式

目前来看,"互联网+"创业项目主要有以下几种盈利模式。

(一)内容付费

内容付费包括专业知识付费、音乐付费、视频付费等,用户只有在付费之后才能获得内容提供者创作的内容。利用互联网的便捷性,很多人利用自己的某种长处或技能在互联网上提供服务,从而实现盈利。你可以将任务发到众包平台上,请其他人帮你完成,然后付给对方相应的报酬。音乐付费、视频付费也已经成为趋势。为文化创意的相关内容付费,可以起到保护知识产权的作用。

拓展链接 4-4 知识付费市场有望进入稳定的持续发展阶段

2016年被称为知识付费元年。2016年4月,在线知识社区知乎推出新功能"值乎";5月,"知乎Live"开始提供在线一对多互动问答服务,付费语音问答平台"分答"上线。随后,罗辑思维开始全力打造"得到App",喜马拉雅FM构建知识付费"123知识狂欢节",微博也开始公测问答功能。这一系列标志性事件让知识付费成为一种新兴的商业模式和知识服务新潮流。目前,众多知识付费平台相继出现,知识付费产品琳琅满目,知识付费用户急速增长。权威机构数据显示,2025年,知识付费的市场规模预计将达3 808.8亿元,知识付费用户有望达到6.4亿人,基于这一庞大用户群体,知识付费市场有望进入稳定的持续发展阶段。

从知识生产者的角度来说,知识付费是指提供知识,将知识变成产品或服务的活动;从知识消费者的角度来说,知识付费是指为知识产品或服务付费从而消费知识的活动。知识付费有利于知识消费者高效筛选知识,为知识消费者节省了大量的时间和精力,同时,知识付费也会激励知识生产者创造更多有价值的知识内容,形成一个良性循环。

知识付费是一个互联网服务行业,融合了大众媒体、数字出版、在线教育与信息咨询等行业的特点,属于以人力资本为基本生产要素的服务经济范畴。在知识付费平台供需双方的交易过程中,知识、信息与技能等资源创造了价值,获得了变现的渠道,这也促进了知识经济的发展。

2016年以来,知识付费异军突起,成为一种典型的社会文化现象,这正是得益于云计算、大数据、人工智能等新一代信息技术的高速发展和有力支撑。越来越多的智能技术正在推动知识付费迅猛发展。在自然语言处理、大语言模型等智能技术的引领下,知识付费正在迎来一场前所未有的变革。知识付费不再局限于传统的文本或视频形式，而是拥有无限的创新可能性。知识付费平台可以利用自然语言处理、机器学习和推荐算法等智能技术，精准地为学习者提供所需知识，大幅提高学习者的学习效率和质量。

（资料来源：史爱武，知识付费市场有望进入稳定的持续发展阶段，中华读书报）

（二）电商销售

电商是最先出现的变现形式，也是最经典的、最常见的形式。电商通过社群聚集一群有需求的用户，然后将流量转换为产品或者服务，实现流量变现。

案例 4-6

小红书的发展

毛文超是行吟信息科技（上海）有限公司控股股东、实际控制人、创始人兼CEO。近年来火爆的小红书正是行吟信息科技旗下的社交电商平台。

小红书这个平台的诞生源于毛文超对电商行业独特的洞察和思考。他认识到，社交媒体与电商的结合将是未来电商行业的一个重要发展趋势。凭借独特的洞察力和创新精神，毛文超牵头开发了“全球好物分享平台”小红书，将社交媒体与电商结合起来。2013年6月，小红书正式成立。毛文超的目标是打造一个“海外商品真实的口碑平台”。经过一番筹备，2013年底，小红书App正式上线，内容以境外购物攻略为主。如今，小红书凭借深度社区分享和精准电商匹配，已经改变了人们的购物方式。其特点在于将社交和购物有机融合，让购物成为生活的一部分，让分享带来更多的可能性。根据2023年胡润全球独角兽榜数据，小红书的企业估值已经达到1 000亿元，其强大的实力令人瞩目。

（三）开通流量主和打赏

开通流量主是指公众号运营者将公众号内的固定位置交给微信平台作为广告展示位置，按月获得广告收入的方式。打赏是指关注用户认可公众号发布的原创内容，并通过付钱的方式表达赞赏的方式。二者都必须建立在内容具有高度吸引力的基础之上。

(四)广告

广告是最直接的变现方式,凭借用户数和点击量,就能吸引企业投放广告。广告分为以下几种。

1. 软文广告

软文广告是相对硬性广告而言的,是由企业的市场策划人员或者广告公司的文案人员撰写的文字广告。它将宣传内容和文章内容结合在一起,是目前公众号变现的最主要方式。软文广告能让用户自然地接受,收到良好的宣传效果。

2. 情景广告

情景广告是让明星在影视节目或者生活中使用自己品牌的产品,以达到宣传目的的广告。比如,电影中男女主角身着的品牌服装可能让观众印象深刻。

3. 原生广告

原生广告通过原创内容呈现品牌信息,不破坏用户的体验,为用户提供有价值的信息,并让用户自然地接受。比如在各种类型的影视剧中,许多品牌形象密集出现,这就是原生广告。

(五)金融变现

金融变现要结合平台进行。平台通过设置账期将买家的付款冻结,从而把众多资金汇集到一起,发挥其金融价值。金融变现的前提是平台足够大,资金足够多,而且有资金运作能力和良好的口碑。

案例 4-7

社交电商"黑马"拼多多

拼多多成立于2015年,以低价、社交电商为特色,通过社交网络和移动App向消费者销售各种产品。黄峥在创建拼多多之前曾担任过某知名外企中国区的总经理。在该外企工作期间,黄峥发现,中低收入人群对价格更敏感,更愿意购买价格低廉的产品。因此,他决定创建一个平台,为这些人提供物美价廉的产品。

拼多多的盈利模式是通过向商家收取佣金和广告费用来实现的。商家可以在拼多多平台上以较低的价格销售产品,吸引更多的消费者。同时,商家需要向拼多多支付一定的佣金或广告费用,以获得更多的曝光和销售机会。除了向商家收费,拼多多还通过推广活动和广告投放增加自己的收入。拼多多平台上有很多推广活动,如砍价、拼团,这些活动可以帮助商家推广产品,提高其销售量和知名度。同时,拼多多还可以从这些活动中获得一定的分成收入。

拼多多还通过技术创新和优化供应链降低成本、提高效率。例如,拼多多开发了一套智能供应链管理系统，可以通过数据分析和预测来指导商家的生产和采购，使其减少库存和浪费，降低成本。同时，拼多多还通过与制造商、供应商建立战略合作伙伴关系优化供应链，提高效率。

拼多多还会通过提升用户参与度和忠诚度来增加收入。例如，拼多多推出了“拼豆”和“个人中心”等功能，让用户可以在平台上赚取积分和优惠券，并用于抵扣购物金额。这些功能提升了用户的参与度和忠诚度，也为拼多多带来了更多的收入。

四 “互联网+”创业的营销方式

“互联网+”创业营销也称为网络营销，是以互联网为基础，利用数字化的信息和网络媒体的交互性实现营销目标的新型营销方式。

（一）社会化营销

社会化营销是指利用社会化平台的核心属性开展的营销活动。其核心是利用社会化媒体的用户好友关系网络与用户对话，让用户关注品牌，并利用好友关系网络发起高质量的好友对话，让品牌真正打入用户的社交关系，引发用户自发的传播行为。社会化营销可以有效地帮助企业进行品牌宣传和维护、产品推广和口碑传播，越来越多的互联网企业已经通过社会化营销模式在市场中崭露头角。社会化营销因具有成本低、受众广、销售转化率较高等特点日益受到企业的重视。

（二）游戏营销

游戏营销是指将游戏化思维模式运用到企业的营销过程中去，通过游戏化的方式吸引消费者的眼球的活动。这种营销方式有利于优化文化创意产品的营销效果。

（三）参与营销

参与营销就是让用户参与到与品牌有关的活动中来，让用户变成企业的利益相关者。参与营销不仅能激起消费者的好奇心和兴趣，还能帮助消费者更好地了解企业的产品或服务。

（四）事件营销

事件营销是指企业通过策划、组织和利用具有新闻价值、社会影响和名人效应的人物或事件，吸引媒体、社会团体和消费者的兴趣与关注，以提高企业和产品或服务的知名度、美誉度，树立良好品牌形象，最终促成产品或服务的销售的方式。事件营销要将事件与营销目标结合起来，围绕事件进行创意策划，以实现比较好的传播效果。

（五）体验营销

体验营销是指企业通过让目标用户观摩、聆听、试用等方式，使其亲身体验企业提供的产品或服务，让用户实际感知产品或服务的质量，从而促使用户认知并购买产品或服务的营销方式。

在消费升级的环境中，消费者购买产品或服务的原因已由产品或服务本身转变为情感。“花钱买高兴”就是消费升级的环境中用户购买行为的显著变化。这一变化体现了影响用户购买行为的主要因素已经不是产品或服务，而是用户体验。

（六）电商营销

电商营销不局限于购买电商平台的流量，更多的是与媒体、社交网络、技术、创新等元素结合和实现不同领域的跨界组合。

电商营销战役不断升级，在电商营销的创新过程中，玩法、思路和资源都在不断拓展，出现了一些创新营销范式，如粉丝经济（当红明星+直播互动）、技术流［炫酷画面+AR（增强现实）购物］、跨界秀（边看边买+电视引爆）、创意派（数据挖掘+场景共鸣）、社交力（红包诱惑+分享裂变）。

案例 4-8

故宫淘宝的营销

为了收到良好的营销效果，故宫淘宝联合淘宝众筹发起了非遗众筹项目，产品如剪纸、老布鞋等均由非遗老匠人制作，其设计则来自故宫淘宝。在产品形象设计上，故宫淘宝将严肃的历史名人形象变得生动可爱，不仅节省了请代言人的费用，而且深受年轻一代消费者的喜爱。为了让文物“活起来”，故宫淘宝也煞费苦心。将T恤做成龙袍，在纸扇上印上“朕就是这样汉子”，这些手段将普通的产品变得不再普通。

（七）微信营销

经过快速发展，微信营销的模式正逐步清晰。其早期以通过漂流瓶、搜索号码、扫一扫、摇一摇、附近的人等方式添加好友，关注微信公众平台后将内容群发给好友，将看到的精彩内容分享到微信朋友圈等方式开展针对用户的点对点营销及圈子互动营销，现今又推出了微信红包、微信支付、朋友圈广告推广和微信多号联动等，营销手段不断创新。

（八）精准营销

精准营销是指以生产商的消费者和销售商为中心，利用电子媒介等方式建立消费者、销售商资料库，然后通过科学分析，确定可能购买的消费者，从而引导生产商改变销售策略，并为其制订操作性强的销售推广方案的营销方式。

企业根据大量的一手数据资料，利用现代信息技术对消费者的消费行为进行衡量和分析，掌握消费者的消费行为规律，预测消费者的购买意图，为目标市场提供个性化的产品和服务。精准营销能有效降低企业的营销成本，缩短销售周期，实现企业的可持续发展。将以产品为导向的传统营销模式改为以消费者为导向的精准营销模式，是企业提高核心竞争力的有效方式。

（九）娱乐营销

娱乐营销是指借助各种娱乐活动形式与消费者实现互动，将娱乐因素融入产品或服务，从而促使产品或服务取得良好的发展的营销方式。娱乐营销的重点是提升消费者的娱乐体验，它通过愉悦消费者来达到营销目标。娱乐营销其实是一种感性营销，它不会让消费者感到这是一场生硬的购买游说，而是与消费者产生某种情感的共鸣，让消费者参与到营销活动之中，从而产生购买行为。

五 "互联网+"赋予传统项目的机会

"互联网+"传统文化领域目前仍处于"蓝海"状态，随着"互联网+"政策的推动，传统行业也将受到更多创业者的关注。在工具应用和资讯提供的细分领域，互联网服务厂商将以传统项目为中心，进行互联网与传统项目的深度融合。与此同时，随着线上和线下各种渠道的整合，传统产业中不同领域之间的壁垒正在慢慢被打通。在有效地利用互联网进行整合之后，"互联网+"传统产品的开发、营销也将更加多元化，传统产业将迎来升级。"互联网+"的链接将使得部分传统资源得到更加有效的分配，传统项目也将更加贴近用户。

活动视频

大学生"互联网+"创业

（一）非遗O2O电商领域

对于非物质文化遗产的开发来说，线上和线下结合的O2O电商模式具有一定的市场空间。国内已经有非物质文化遗产电商平台开始运作。O2O平台通过借助互联网渠道优势为非遗传承人和非遗企业构建全方位的线上推广平台，非遗传承人和非遗企业借助线上平台获取一定的收益，同时借助线上平台弘扬非遗文化。

通过借助线上平台导流，非遗企业可以举办各种线下的非遗相关活动，如美食节、服装节、非遗产品展览。对于平台来说，在为非遗传承人和非遗企业提供线下展示的同时，平台也获得了一定的收益，同时还可以收取参观用户的门票费用。对于用户来说，他们通过参加这种线下非遗活动，能够更深入地了解中国的非遗文化，而且能够通过线下活动认识有着共同兴趣爱好的朋友，由此开启非遗文化社交。对非遗传承人和非遗企业来说，通过这种线下活动也能够更好地推广和宣传自己的非遗文化作品和产品，让更多的用户了解非遗文化。

案例 4-9

e飞蚁：让非遗走进千家万户

e飞蚁是在中国非遗保护中心和中国非遗保护协会的指导下成立的文化机构，是官方合作的唯一非遗主题垂直电商平台。它依托国家非遗产业数据库销售非遗产品，为非遗传承人和非遗企业构建推广平台。平台采用的是和淘宝网一样的O2O模式，线上交易平台对接的是线下包括“前门·华韵”国家非遗博览园等在内的多个非遗博览园。

北京的前门大街是著名的历史街区，有着600多年的历史。如今，前门大街已“变身”前门非遗博览园。园区按照一街（中国非遗大街）、两核（非遗博览馆、非遗大戏院）、三区（非遗博览区、非遗体验区、非遗创意区）的布局建设，总建筑面积达40万平方米，具备交易、展演、体验、美食、传习等功能。为了保证园区风格统一，新建建筑也是明清风格。目前已经有40多个非遗项目签约进驻园区，魏立中（十竹斋木版水印技艺）、吴元新（南通蓝印花布印染技艺）、姚慧芬（苏绣）、甘而可（徽州漆器髹饰技艺）、娘本（唐卡）、张同禄（景泰蓝制作技艺）等多位国家级非遗传承人纷纷前来。这为大众提供了找到非遗大师作品的快速通道，在满足大众文化需求的同时也促进了非遗文化的传播。

（资料来源：蒋肖斌，e飞蚁要做非遗界的淘宝，中国青年报）

（二）旅游领域

国内基于文化遗产资源开发和利用的旅游市场日益扩大，但将旅游景点与互联网深度结合仍需要探索。目前一些导航软件已经开启了对旅游城市、博物馆的标注，同时增加索引，让消费者能够找到附近的文创店。互联网创业者在搭建平台时可以通过与当地人合作，把整个旅游项目所在的地区建成一个集餐饮、娱乐于一体的文化旅游度假区，同时让当地人把自己的艺术品在线上进行出售，形成一个线上线下相结合的旅游度假消费中心。

这可以提供一种有特色的差异化文化旅游体验。文化旅游具有多方面的价值：一是审美价值，很多工艺品、表演艺术、民族服饰都是历史上不同时代、不同民族的民众劳动和智慧的结晶；二是历史价值，文化遗产大多历史悠久，承载着丰富的历史，是流传下来的历史财富；三是文化价值，文化遗产蕴含鲜活的文化，具有优良的文化基因。

（三）电影领域

电影既是一个巨大的产业，又是一个极好的传播途径。目前，百度、阿里巴巴、腾讯等都已经涌入电影行业，针对电影的制作、发行，电影票的销售和电影衍生品的生产，一步步进行渗透和布局。将电影与互联网结合，会产生新的创业机会。

（四）国学教育领域

近年来，“国学热”再度升温。在互联网技术飞速发展的今天，“互联网+”遇上传统国学，定会碰撞出别样的火花。

互联网为国学教育提供了新的形态和新的交流渠道。“互联网+”国学教育相比传统的国学教育有了很大的改变。传统的国学教育是面授式培训，更重视现场效果，而“互联网+”国学教育开启了线上教育的新模式，拥有碎片化、网络化和互动化的特征。网络传播更为方便、快捷，易形成一定的用户群体，便于将学习过程细分，让用户有更多的自主学习时间，学习效果也更好。

“互联网+”国学教育可以充分调动用户的积极性，使用户主动参与。在传统的国学教育课堂上，师生之间的互动是相对有限的，但在网络平台上，用户会变得更积极，互动也十分自由、开放。

案例 4-10

“云　国　学”

由北京大学教育学院和中华书局共同开发的“云国学”是全国首个面向中小学教育工作者的国学在线教育平台。该项目通过微课交互式学习的方式，辅以提供移动学习方案的多媒体客户端App，打造了一个具有浓郁国学氛围的线上线下相结合的国学教育平台。除了提前录制微课视频，“云国学”还提供阅读材料、作业题、结业考试等，构建了国学的系统化学习流程。“云国学”还提供充满互动的课程讨论区。用户可以在讨论区畅所欲言和提问，助教会及时进行回复和解答，从而促进交流和反馈。“云国学”精心设计的课程内容，加上精细化、专业化的教学管理，给国学在线教育带来了更多的可能性。

（资料来源：杨张若然、姚怡云、何诗源、赵婀娜，“互联网+”，国学走进寻常百姓家，人民日报）

（五）传统音乐曲艺领域

中国传统音乐曲艺源远流长，其美学思想博大精深。中国传统音乐曲艺绵延几千年，器乐音乐、戏曲音乐、说唱音乐、民歌、民间舞蹈音乐都是中国传统音乐曲艺的典型代表。无论是成立音乐文化传媒公司、推出以传统音乐曲艺为主题的文化创作项目，还是通过微博、微信、App等现代化传播平台的开展运营，都有助于将传统音乐曲艺推向市场、促进传统音乐曲艺的发展。

另外，我们还可以在保留传统音乐曲艺精髓的同时，借鉴现代音乐的传播形式，打造"互联网+"传统音乐曲艺的新形态。无论是经典的音乐演唱会，还是与AR等科技元素跨界融合，都既迎合了市场需求，又能广泛地传播传统文化，为传统音乐曲艺开辟了更大的市场。

案例 4-11

米漫传媒的古风演唱会

米漫传媒是一家集演出经纪、影视创作、展览展示服务、音乐创作等经营内容于一体的文化娱乐公司。目前，米漫传媒以原创古风音乐作为公司发展的突破口，重点聚焦原创古风音乐，为原创古风音乐人和消费者创建全新的沟通交流平台。

米漫传媒带领二次元音乐制作人成功策划并举办了人民大会堂古风音乐会和多个国风动漫音乐节，并在鸟巢举办了大型国风主题演唱会，用实际行动让大众真正了解古风音乐及其所代表的中国传统文化，活动场场爆满，反响热烈。

米漫传媒致力于原创古风音乐制作、艺人培养，同时打造一系列以国风为主题的线下漫展、大型主题音乐会。在融资资本进入后，米漫传媒还围绕国风音乐向音乐平台、动画、漫画、游戏、影视等方向延伸，提供面向青少年用户的以中国传统文化为基础的泛娱乐文化体验服务。公司自成立至今共出品百余首国风原创歌曲，成功打造了十余个有价值的IP，如《锦鲤抄》《次元传说》《律之世界》。另外，米漫传媒正在布局入资二次元多城市动漫展览会，以构建将线上和线下的内容与现场多元化捆绑的生态产业链。

（六）传统游戏领域

传统游戏是指流传于广大民众之间的传统娱乐活动。有些传统游戏在发展中逐渐完备，最后成为竞技项目。斗百草、放风筝、骑竹马、荡秋千、捉迷藏、斗蟋蟀、象棋、围棋、拔河、赛龙舟、摔跤都是典型的传统游戏。

依托互联网平台，许多企业都开发了传统游戏题材的端游和手游，为大众提供了更广阔、便捷的传统游戏平台，市场潜力巨大。依托互联网平台，传统游戏不再受时间、空间、参与人员等方面的影响，企业可以利用网页、App、微信公众号等渠道开发整合传统游戏，将传统游戏搬到线上，既解决了场地、器械等问题，又对传统游戏的方法和模式进行了改良，使之迎合不同人群的需求和兴趣。

案例 4-12

天天象棋

天天象棋是一款玩家之间对战的象棋手游，为广大棋类游戏爱好者提供了交流和实战的平台。天天象棋设有多种游戏模式，既承续传统，又勇于创新。游戏的界面简单明了，没有复杂的功能按钮。这款游戏的特点是质朴耐玩。精美的棋盘和棋子让玩家沉浸在中国象棋的乐趣中；优雅古朴的音乐给玩家一种休闲、舒适的感觉；精心设计的走棋效果展现了中国风的时尚之美。在天天象棋平台上，玩家足不出户就可以和各位高手过招，这不但为象棋爱好者提供了便捷的游戏平台，更吸引了大量年轻人的关注，在展现象棋魅力的同时很好地传播了传统游戏文化。

（七）中医药领域

随着“互联网+”概念的广泛传播，互联网医疗骤然火爆，快速发展，势头强劲。中医药领域的互联网医疗创业也变得颇为活跃，涌现出了众多新企业和大量融资案例，促进了中医药文化的广泛传播。

“互联网+”中医药颠覆了“预约挂号—医院就医”的传统模式，将中医医师资源整合到互联网平台上，这是“互联网+”中医药的最大特点。对于患者来说，通过App、微信公众号及中医健康网站等平台选择中医医师进行问诊，既方便又节约资源；对于中医医师来说，其可以突破地区的局限，最大限度地发挥自身价值，满足患者的不同需求。

“互联网+”中医药扩大了中药产品市场。互联网平台为传统中医馆提供了蜕变和创新的机遇。随着电商平台的迅速发展，众多百年老店纷纷开始尝试发展电子商务，在天猫、京东等平台上设立旗舰店，销售传统中药及周边产品。互联网平台在提升实体中医馆的业务量方面有着非常明显的作用。

O2O模式让传统中医药的发展更加大众化。线上线下结合的O2O模式在中医药领域存在很大的市场空间。O2O模式将线上问诊与线下取药、体检、诊疗动态结合，为患者就医提供了便利，是很好的发展方向。

案例 4-13

云诊科技：打造智能化中医健康管理系统

合肥云诊信息科技有限公司与安徽中医药大学联合研发了中医智能健康管理系统，系统运用中医治未病、辨证论治的核心思想，结合现代健康管理学的理论、方法，利用人工智能和大数据对健康人群、亚健康人群及患病人群进行全面的信息采集、监测、分析、评估，以维护个体和群体健康为目的，为其提供中医方面的健康咨询指导。

中医智能健康管理系统15秒内就能够对106种中医体质健康状态进行检测，包括单一体质、兼夹体质、脏腑辨证三类业务层级，准确率高达95%。该系统拥有多元化的产品形式，包括移动端智能舌诊和智能舌诊仪，可广泛应用于中医健康状态管理、中医健康状态辨识评估、中医养生保健、中医慢病管理等方面。

云诊科技充分发挥中医药在治未病中的主导作用、在重大疾病治疗中的协同作用、在疾病康复中的核心作用，助力打造中医健康管理系统，建设多样化的中医健康生态体系，满足民众对简、便、廉、验的中医药服务的需求，惠及千千万万的普通民众。

课后实践活动

变化带来的创业机会

活动目标：了解变化带来的创业机会。

活动时间：15分钟。

活动步骤：

（1）请大家根据表4-8列出的社会、政策变化，思考其可能带来的创业机会，经小组讨论后，将其填入表中。

表4-8 创业机会思考

社会、政策变化	机会一	机会二	机会三	机会四
“互联网+”时代到来				
数字电视的普及				
产业化升级				
旅游业的兴起				
“一带一路”倡议				
食品安全问题				

（2）教师点评。

主要参考文献

[1] 林炳华.创业投资理论与案例[M].北京：经济科学出版社，2024.
[2] 黄如.创意　创新　创业[M].北京：中国商业出版社，2024.
[3] 张玉利，薛红志，陈寒松，等.创业管理[M].北京：机械工业出版社，2023.
[4] 王亚东.二次创业：重新定义创业[M].南京：南京出版社，2023.
[5] 宁波市人才培训中心.模拟公司创业实训之评估书：创业生涯设计与创新创业想法[M].北京：北京理工大学出版社，2023.
[6] 彭健.走出创业与创业投资的误区[M].北京：知识产权出版社，2022.
[7] 阎海峰.科技创业案例集[M].上海：华东理工大学出版社，2022.
[8] 崔西，汤普森.从创业到卓越[M].赵竞欧，译.北京：中国科学技术出版社，2022.
[9] 姜海荣，刘安琴.大学生创新创业教育教程[M].北京：中国纺织出版社，2022.
[10] 樊登.低风险创业[M].北京：人民邮电出版社，2019.
[11] 奇泽姆.创业：放飞你的梦想[M].石岚，译.北京：中信出版社，2019.
[12] 雷重熹，池云霞，靳润奇，等.创新创业案例与分析[M].北京：高等教育出版社，2019.
[13] 秦勇，陈爽.创业管理：理论、方法与实践[M].北京：人民邮电出版社，2019.
[14] 人力资源和社会保障部教材办公室.创业指导[M].2版.北京：中国劳动社会保障出版社，2018.
[15] 杜鹏举，罗芳.大学生创新创业基础[M].北京：中国铁道出版社，2018.
[16] 李肖鸣.创新创业实训[M].北京：清华大学出版社，2018.
[17] 黄海荣.大学生创新创业教育指导[M].上海：上海交通大学出版社，2016.
[18] 王涛，严光玉.创新创业学[M].成都：电子科技大学出版社，2016.
[19] 裴琦.众创时代：互联网+创业[M].广州：华南理工大学出版社，2016.
[20] 贺尊.创业学概论[M].2版.北京：中国人民大学出版社，2015.
[21] 冯林，张崴.批判与创意思考[M].北京：高等教育出版社，2015.
[22] 李家华.创业基础[M].2版.北京：清华大学出版社，2015.
[23] 王艳茹，王兵.创业基础课堂操作示范[M].北京：北京师范大学出版社，2014.
[24] 卢飞成.创业实战[M].杭州：浙江大学出版社，2012.
[25] 贾虹.创新思维与创业[M].北京：北京大学出版社，2011.
[26] 李时椿，常建坤.创业学：理论、过程与实务[M].北京：中国人民大学出版社，2011.
[27] 郭绍生.大学生创新能力训练[M].上海：同济大学出版社，2010.
[28] 胡飞雪.创新思维训练与方法[M].北京：机械工业出版社，2009.
[29] 李士，甘华鸣.创新能力训练和测验[M].合肥：中国科学技术大学出版社，2008.
[30] 卡普兰，沃伦.创业学[M].2版.冯建民，译.北京：中国人民大学出版社，2009.

后 记

本教材是在就业创业和职业指导领域的有关专家、职业院校一线教师的共同努力下编撰完成的，先后经历两次修订，并获评为“十四五”职业教育国家规划教材。

《创新创业教育》(第三版)由李家华(中国青年政治学院)任主编，严光玉(成都职业技术学院)、张春青(唐山职业技术学院)、朱钦(绍兴职业技术学院)、郭明(四川电子机械职业技术学院)任副主编。范琳(广州科技贸易职业学院)、雷玉梅(济源职业技术学院)、邓小瑜(珠海城市职业技术学院)、付鹏(中国就业促进会创业专业委员会)、周恢(北京科技成果转化服务中心)等参与了本教材内容的编写工作，《中国培训》杂志编辑苗银凤参与了本教材的统稿工作。

人力资源和社会保障部职业技能鉴定中心的许远编审对教材的框架设计和编写工作给予了指导，提出了具体而有价值的编写建议，并提供了最新的资料和研究成果。

本教材的编写得到了唐山职业技术学院、北京信息职业技术学院、黄河水利职业技术学院、广东邮电职业技术学院、河南职业技术学院、江苏省宿迁经贸高等职业技术学校、南京浦口中等专业学校等职业院校的支持。

编 者

高等教育出版社

教学资源服务指南

仅限教师索取

感谢您使用本书。为方便教学，我社为教师提供资源下载、样书申请等服务，如贵校已选用本书，您只要关注微信公众号“高职素质教育教学研究”，或加入下列教师交流QQ群即可免费获得相关服务。

“高职素质教育教学研究”公众号

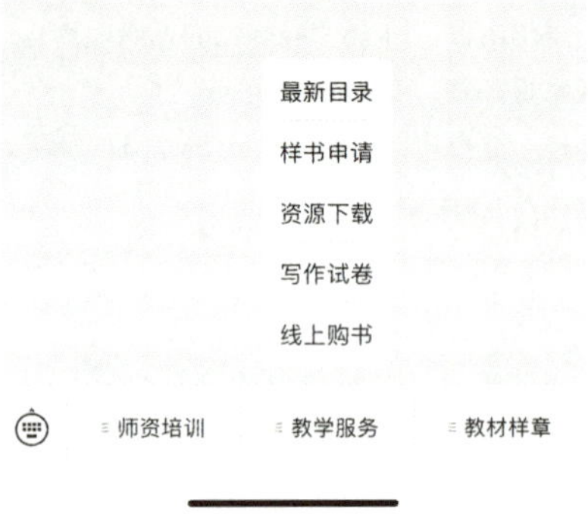

资源下载：点击“**教学服务**”—“**资源下载**”，或直接在浏览器中输入网址（http://101.35.126.6/），注册登录后可搜索下载相关资源。（建议用电脑浏览器操作）

样书申请：点击“**教学服务**”—“**样书申请**”，填写相关信息即可申请样书。

样章下载：点击“**教材样章**”，可下载在供教材的前言、目录和样章。

师资培训：点击“**师资培训**”，获取最新直播信息、直播回放和往期师资培训视频。

联系方式

职业素养和创新创业教师交流QQ群：310075759

联系电话：（021）56961310　电子邮箱：3076198581@qq.com